国家自然科学基金项目（71273136、71403077）成果

博士论丛

猪肉产业链
组织治理、政府规制与质量安全行为

Pork Industry Chain
Organizational Governance, Governmental Regulation
and Producers' Behavior of the Quality and Safety

王海涛 著

中国科学技术大学出版社

内 容 简 介

本书为国家自然科学基金项目成果,从产业链的视角研究链条组织治理方式、政府规制对产业链农户质量安全行为的影响机制。本书的核心价值主要体现在三个方面:一是构建猪肉产业链组织治理、政府规制与质量安全行为的理论框架,对把握产业链农户质量安全行为、提高猪肉产业质量安全水平具有重要的实际意义;二是剖析猪肉产业链组织治理与政府规制对产业链农户质量安全行为的影响机制与心理决策机理,比较分析不同规模产业链农户质量安全行为的不同,厘清猪肉产业链质量安全的影响因素,对构建猪肉产业链质量安全保障体系,推动猪肉产业供给侧结构性改革具有重要的指导意义;三是本书是在国家自然科学基金项目的支持下,在博士论文的基础上修改而成的阶段性成果,对推动学界关于农业产业链管理与发展的相关研究具有重要的理论价值。

本书可供相关领域研究人员及从业人员参考。

图书在版编目(CIP)数据

猪肉产业链:组织治理、政府规制与质量安全行为/王海涛著. —合肥:中国科学技术大学出版社,2020.12

ISBN 978-7-312-04884-5

Ⅰ.猪… Ⅱ.王… Ⅲ.猪肉—产业链—研究—中国 Ⅳ.F326.3

中国版本图书馆 CIP 数据核字(2019)第 300122 号

猪肉产业链:组织治理、政府规制与质量安全行为

ZHUROU CHANYE LIAN: ZUZHI ZHILI、ZHENGFU GUIZHI YU ZHILIANG ANQUAN XINGWEI

出版	中国科学技术大学出版社 安徽省合肥市金寨路96号,230026 http://press.ustc.edu.cn http://zgkxjsdxcbs.tmall.com
印刷	合肥华苑印刷包装有限公司
发行	中国科学技术大学出版社
经销	全国新华书店
开本	710 mm×1000 mm 1/16
印张	8.75
字数	152 千
版次	2020年12月第1版
印次	2020年12月第1次印刷
定价	50.00 元

序

猪肉产业链是一个涉及面很广、关联主体众多并且十分复杂的长链条系统。近年以来,由于非洲猪瘟等外在条件的影响,猪肉价格上涨引发的物价水平上涨引起了社会各界的广泛关注。一般来说,猪肉产业链垂直一体化程度越高,核心企业主导的产业链条越完整,猪肉产品的质量就越有保证,经营风险就越小,猪肉产业长期发展空间就越大。目前,我国生猪产业发展格局与空间布局都在发生系列变化,突出表现是生猪产业规模经营的比例在提高,行业集中度在提升。尽管如此,小规模经营依然是我国生猪养殖的主要生产经营模式。因此,小规模经营在猪肉产业链中的行为特点及其可能引发的质量安全问题始终是一个敏感的经济问题,我国政府一直在尝试通过规制性的公共政策来保障居民的食品质量安全。

实施产业链管理模式,提高猪肉产业链养殖环节的组织化程度,同时加强对养殖环节的质量监督检测是保障安全猪肉供给的有效途径。因此,保障猪肉质量安全可以在猪肉产业链的大框架下,从组织治理与政府规制的角度入手来设计规则,以期改变农户的生产行为。猪肉产业链中的相关组织具体如何作用于小农户的生产行为,政府的相关规制性政策又如何影响小农户的生产行为,这些问题的探讨与解决不仅有利于提高相关产业组织的发展水平,还有助于提高政府面对食品安全问题的政策反应能力。王海涛在南京农业大学就读博士期间对此做了较为系统、深入的研究,本书就是在其博士论文的基础上修改、完善后完成的。作者从组织治理与政府规制的角度探讨农户的质量安全生产行为,沿着政府规制导向—农户资源禀赋变化—心理决策机制—行为特点变化的逻辑线索,探讨并验证了具备什么特征和发挥何种服务功能的产业链组织才让养猪户有积极性去促进其安全生产决策,哪些政府规制措施在规制养猪户安全生产决策行为中更具有约束作用,政府规制作用的发挥依赖于哪些其他因素,养猪户安全生产的决策机制如何实现等问题。

王海涛博士的研究从上述角度出发,设计了调研问卷,在四川省、山东省和江苏省3个省20个县(区)39个乡镇实地走访了97个合作社与798个养猪户,在此基础上构建模型并进行实证分析,取得了初步成果。本书主要包括以下四个方面的内容与发现:一是结合农户行为理论、产业链管理理论和政府规制理论,构建养猪户安全生产决策行为的理论模型和分析框架;二是研究发现不同产业链组织之间功能有差异并且对养猪户安全生产决策的影响也有差异;三是在不同的政府规制水平下,养猪户所受具体规制措施的操作变量也有差异,且对其安全生产决策行为有影响;四是产业链组织功能变量、政府规制操作变量与养猪户安全生产意向之间有交互作用,并对其安全生产行为有重要影响,养猪户的心理决策变量是其安全生产决策的重要影响因素。因此,政府应当着重鼓励与加强猪肉产业链的品种培育、技术培训、统一销售与统一防疫的服务功能,提高养猪户的安全生产水平。同时,加大财政支持,加强政府部门对违禁药物的监督检查和执法力度,提高养猪户的安全生产意识。

王 凯

中国农业产业链管理研究与发展中心

2020年9月9日

目　　录

序 ……………………………………………………………（ i ）

第一章　导论 …………………………………………………（ 1 ）
第一节　问题的提出 ……………………………………（ 1 ）
第二节　相关概念界定和研究前提假设 ………………（ 4 ）
第三节　研究目标、研究假说和研究内容 ……………（ 6 ）
第四节　数据来源和研究方法 …………………………（ 9 ）
第五节　研究范围、调查设计与技术路线 ……………（ 11 ）
第六节　可能的创新和不足 ……………………………（ 14 ）

第二章　理论基础与文献综述 ………………………………（ 16 ）
第一节　理论基础 ………………………………………（ 16 ）
第二节　相关研究综述 …………………………………（ 22 ）

第三章　研究背景 ……………………………………………（ 27 ）
第一节　猪肉产业链概况 ………………………………（ 27 ）
第二节　猪肉产品消费的特点与趋势 …………………（ 30 ）
第三节　猪肉产业链的组织发展状况 …………………（ 33 ）
第四节　猪肉产业的政府规制情况 ……………………（ 37 ）

第四章　研究框架 ……………………………………………（ 41 ）
第一节　分析框架 ………………………………………（ 41 ）
第二节　变量的设置与具体假说的提出 ………………（ 49 ）

第五章　产业链组织治理与养猪户质量安全行为的实证分析 …（ 59 ）
第一节　描述性统计分析 ………………………………（ 59 ）
第二节　实证分析 ………………………………………（ 68 ）

第六章 政府规制与养猪户质量安全行为的实证分析 …………（76）
　第一节　政府规制情况的描述性统计分析 …………………（76）
　第二节　实证分析 ……………………………………………（79）

第七章 产业链组织治理、政府规制对养猪户安全生产心理决策影响机制的实证分析 ……………………………………（85）
　第一节　理论模型与研究假说 ………………………………（85）
　第二节　结构方程模型介绍与描述性统计分析 ……………（88）
　第三节　模型估计结果与分析 ………………………………（96）

第八章 主要结论及政策建议 …………………………………（106）
　第一节　主要结论 ……………………………………………（106）
　第二节　政策建议 ……………………………………………（109）

参考文献 …………………………………………………………（111）

后记 ………………………………………………………………（130）

第一章 导　　论

第一节　问题的提出

　　猪肉作为我国城乡居民日常生活消费的最主要肉食品,其质量安全关乎国计民生。而近年来,"瘦肉精""兽药残留""抗生素滥用"等事件频发,引起社会各界的极大关注和普遍担忧。为提高农产品的质量安全水平,国际经验是广泛实施从"农田到餐桌"的全程质量管理,要求产业链的每个环节共同承担起责任,发挥链条整体优势,提高食品质量安全管理水平。农业产业链管理作为一种新的管理手段,能有效追踪和追溯产业链中各环节主体的生产行为,建立统一的质量管理和控制体系。所以,保障猪肉质量安全需从其生产源头,如饲料和兽药等投入物的使用开始,实施产业链管理模式,对生猪饲养、屠宰、加工、运输、销售等各环节中主体行为进行控制与管理。

　　实际上,我国猪肉产品的质量安全问题主要集中体现在兽药、激素残留、添加剂、抗生素等方面,即生猪生产的投入品,主要涉及的环节是生猪饲养环节。根据中国和加拿大政府合作的"小农户适应全球市场发展项目"中的试点,2004年6月在四川资中县进行生猪产业情况调查时发现,小农户生产环境下养猪户质量安全意识不强导致生猪出现质量安全隐患,猪肉质量安全问题的深层次根源可能在小农户的生产方式上,即农户生猪散养模式可能是出现猪肉质量安全问题的主要原因(王瑜,2008)。近几年我国猪肉产业发展迅速,发展模式也有了诸多变化,规模化养殖比例逐渐提高,但小规模户和散养依然是我国生猪养殖的主要生产经营模式。因此,生产养殖环节的农户安全生产行为问题仍然是研究的重点和关键。

　　一般的行为理论认为,人的行为都是在一定的环境条件下发生的。舒尔茨(1964)认为农民的经济行为是理性的。当然,理性行为要受到外部经济条件、信息搜寻成本以及主观认识能力的多重制约,如果能设身处地从小农户的角度考虑,则可以发现被认为是不理性的行为却恰恰是外部条件限制下的理性行为(林毅夫,1988)。已有的关于农户安全生产决策方面的实证研究都是从农户自身资源禀赋特点(劳动力、资金、技术、管理等要素的数量与质量)出发,然后结合其外部环境条件来模拟其生产决策行为。一般而言,农户决策所面临的外部环境主要有市场环境、产业链组织环境和政府规制环境。对于养殖户来说,市场环境主要是生猪价格、饲料等投入品价格等方面,这方面的信息可以通过产业链组织等中间组织获得,而消费者的需求等市场信息由于存在较多的中间环节很难直接影响到养殖户的生产决策。所以综合来看,养殖户生产决策主要受制于产业链组织环境和政府规制环境,要研究农户安全生产决策需从这两个方面进行。

一方面,实施产业链管理,转变养殖模式,提高猪肉产业链生产养殖环节的组织化程度,加强养殖环节的质量安全管理和监督检测是保障安全猪肉供给的有效途径。也有专家学者指出,畜产品养殖环节的质量控制问题可以通过建立有效的协作方式来解决(张云华等,2004),对于紧密协作方式下的养猪户而言,添加剂使用行为的影响因素明显多于松散的市场交易方式(王瑜、应瑞瑶,2008),加入产业化组织的农户较未加入产业化组织的农户更倾向于安全生产(戴化勇、王凯,2007;吴秀敏,2007;周曙东、戴迎春,2005等)。已有的研究主要是探讨加入和未加入产业化组织或合作组织的农户在安全生产行为方面的差异,实证研究的模型中都以简单虚拟变量的形式探讨组织对农户安全生产行为的影响,但这样的实证研究背后隐含着一个假设:养殖户所加入的产业化组织或合作组织是同质的,在治理机制、信息技术服务功能以及生产资料服务等方面是没有差异的。在大样本跨区域的农户问卷调查模型中,这一隐含的假定与实际情况是不相符的,应该予以修正,即不同地域环境下的合作组织所发挥的功能是不同的。在变量设置中应该考虑在不同地域环境下、不同产业链组织或合作组织的具体特征,着重考察其所发挥的服务功能,并以此为基础,更深入地探讨产业链组织对农户生产行为影响的作用机理。

另一方面,有关农产品质量安全的政府规制与农户行为存在着复杂的关系。作为正式的制度安排,政府规制不仅对经济活动有强制性的规制作用,而且在一定程度上会影响农户的决策目标,从而改变农户生产的行为。刘万利(2006)研究养殖户兽药使用行为时用"政府是否举办培训"和"使用兽药时是否得到政府支持"来衡量政府规制环境,并得出显著的影响效果;

周峰(2008)用认证以及对政府监管和处罚的了解来衡量政府规制对农户安全蔬菜生产的作用；赵建忠(2008)在研究农户安全蔬菜供给决策时发现宏观层面的法律法规对农户生产决策的影响不明显，而操作层面的具体制度安排，如市场准入制度和市场检验检测机制对农户生产有着显著的影响；王瑜(2008)在研究生猪质量控制行为时，用对相关法律法规的认知程度来衡量外部政府规制的影响。可见，已有的研究在分析政府规制对农户生产决策的影响时，多以虚拟变量代理，隐含一个假设是：政府规制的水平和作用的发挥是独立的，且具体的规制措施是同质的。而实际操作层面的政府规制是一个系统的体系，其规制水平和规制能力是有差异的，具体到生猪行业而言，譬如政府的检验检疫水平，因其需要的设备投入和人力资本投入较大，各地区经济发展水平有差异，必然导致各地区之间检疫水平的差异；政府相关的质量安全法律法规、质量标准等方面宣传的边际效应可能要依赖于合作组织功能的发挥和农户的安全行为意向。总之，这一隐含的假定与现实情况不相符，在研究中应当予以修正，以更深入、准确地把握政府规制对农户生产行为的影响作用。

已有的研究表明产业链组织和政府规制对农户生产行为有约束作用，但是不是所有的组织都有措施去保障养殖户安全生产？更进一步地，具备什么特征和发挥何种服务功能的产业链组织才有激励来保障养猪户安全生产？哪些政府规制措施在规制养猪户安全生产决策行为中更具有约束作用？作用的方向与程度如何？产业链组织与政府规制条件下的养猪户安全生产心理决策机制建立是怎样的一个过程？这些问题的回答对于促进产业链组织建设，提高政府规制水平，有效保障猪肉质量安全等具有重要的现实意义；对于完善农户生产决策模型理论、产业链管理理论、合作组织发展理论和政府规制理论也具有一定的理论价值。

本书以养猪大省为例，兼顾东西部经济发展水平的差异，选取四川省、山东省、江苏省3个养猪大省为样本范围，构建产业链组织、政府规制对养殖户安全生产决策作用机制的理论模型，探讨外部约束条件在与农户安全生产意向的交互作用下对养殖户安全生产决策的影响机理，同时，在此基础上深入挖掘养猪户安全生产心理决策机制并进行实证检验，从而为规范产业链组织建设、优化政府规制水平、提高猪肉质量安全管理效率提供理论支持与科学依据。

第二节 相关概念界定和研究前提假设

一、相关概念界定

（一）猪肉产业链

猪肉产业链是由育种、养殖、屠宰、加工、运输和销售等环节相联接的一个有机整体，涉及种猪场、养殖场（户）、屠宰加工企业、销售企业以及饲料企业、兽药企业、经销商（经纪人）等多个行为主体。猪肉产业链的组织形式是多样化的，它包括合同、合作社和纵向协调以及垂直一体化等各种形式，具体有核心企业推动、养殖大户带动和政府扶持等几种类型。本书界定的产业链组织是指养猪户自愿加入的合作组织，主要表现形式是养猪专业合作社和养猪协会。合作社或协会为养猪户提供统一销售、饲料、兽医防疫以及技术培训等服务，根据章程规定进行盈余返还与民主管理。

（二）产业链组织治理

产业链组织治理是通过不同产业链组织形式，包括养猪合作社、养猪协会、养猪联合社等，将农户、养殖场、屠宰加工企业等有机联合起来，形成利益共同体进入市场。在生猪生产的质量管理体系中，养猪合作社等产业链组织集中资源，通过"统一供种、统一饲料、统一兽药、统一培训、统一疫病防治、统一销售"的服务功能，保证生猪质量安全。

（三）政府规制

政府规制（regulation）又称政府管制、政府监管，即政府运用公共权力，通过制定一定的规则，对个人和组织的行为进行限制与调控。其经济学定义是政府在微观经济领域的管理职能，主要包括对自然垄断行业的市场进入和退出条件、价格和消费水平、产品和服务质量做出明确规定的经济性规制；为保障劳动者与消费者的安全、健康、卫生，达到防止公害和保护环境的目的，从而制定一定的行为活动标准来限制或禁止特定行为的社会性规制。本书所谈的政府规制是政府有关质量安全方面的具体规制措施，即政府通过规定公共服务标准质量，结合价格管制、进入管制等手段，促使特定产业主体改进服务质量,从而增进公共利益的内容。本研究关注的是不同地区政府规制措施的执行情况对养猪户安全生产决策影响的差异。政府规制的界定主要侧重于有关猪肉质量安全具体规制措施的操作层面,涉及违禁药物检查与宣传、防疫规制、检验检疫以及违规惩罚等方面的执行情况与规制效果。

(四)质量安全行为

本研究所关注的主要是养殖环节养猪户的质量安全行为。养猪户质量安全行为的内涵主要是指养猪户在饲喂生猪过程中的用药行为是否符合规范,即兽药与饲料添加剂的使用量是否超量、违禁药物是否使用、休药期是否严格执行等方面的内容。如果用药行为都是规范的,那么本书就认为该养猪户所饲养的生猪是安全的。

二、研究前提假设

(一)对养猪户的假设

本研究对养猪户的基本假设主要包括两个方面:第一,养猪户是有限理性的。赫伯特·西蒙(Simon)最早将有限理性概念引入经济学分析框架,并建立了有关过程理性假设的各种模型,研究现实中经济主体的决策过程,认为经济个体在不确定条件下进行判断与决策时,理性往往是有限的。养猪户在主观上追求经济行为的完全理性,但现实中由于生产经营分散、市场信息难以有效迅速传递、疫情风险难以预测等因素,导致养猪户无法实现其经济行为的理性最大化。同时养猪户的决策还受其自身能力、资源禀赋以及复杂的心理决策机制的影响,养猪户只能在有限程度内实现有限理性,这是对养猪户的基本假定之一。第二,养猪户经营目标多元且决策独立。韩耀(1995)认为,农户作为农业生产的组织形式,具有追求收入和利润最大化的动机,同时还有许多非经济目标,如生活的安定与保障、家庭的荣誉与地位等。养猪户的经营目标除了收入最大化以外,还包含让自己良心安稳、赢得尊重等方面的心理目标,而且养猪户生产决策的做出都是独立的,其心理特征、行为模式和决策结果之间是互动的和关联的,这是本研究对养猪户的第二个基本假定。

(二) 对产业链组织的假设

以往有关产业链(化)组织与农户行为的研究(周曙东、戴迎春,2005;戴化勇、王凯,2007;吴秀敏,2007;王瑜,2008;刘军弟,2009;等)中都将加入和未加入产业链(化)组织的农户用0和1来虚拟测量,隐含的假定就是农户所加入的产业链组织是同质的,本研究将此假定放宽,认为养猪户所加入的产业链组织及其功能发挥存在差异,不同产业链组织可能会对养猪户生产行为带来不同的影响。

(三) 对政府规制的假设

已有的关于政府规制对农户安全生产行为影响的研究(刘万利,2006;周峰,2008;赵建忠,2008;王瑜,2008;等)中用"政府是否举办培训""使用兽药时是否得到政府支持"以及对政府监管和处罚的了解来衡量政府规制对农户安全生产的作用。这些研究同样以简单虚拟变量代理,隐含的假设是政府规制的水平和作用的发挥是独立的,且具体的规制措施是同质的。本研究关注的则是实际操作层面的政府规制,假定不同地区的政府规制水平和规制能力存在差异。

第三节 研究目标、研究假说和研究内容

本研究的总体目标是以养猪户在养殖过程中的质量安全问题为出发点,探讨我国不同产业链组织在不同政府规制下,对生猪质量安全生产决策行为影响的内在机制,从微观层面上增进对养猪户安全生产决策行为的科学理解,以便更有针对性地提高猪肉质量安全管理效率。

本研究的具体目标有以下几个方面:

目标一:结合产业链管理理论和政府规制理论,构建养猪户质量安全控制行为的理论模型和分析框架。

目标二:分析不同产业链组织的特征并建立产业链组织与养猪户生产行为的理论模型,实证分析产业链组织对养猪户安全生产决策行为的影响方向和程度。

目标三:分析不同区域政府规制行为的特征并建立政府规制与养猪户

安全生产行为的理论模型,实证考察政府规制对养猪户安全生产决策行为的影响方向和程度。

目标四:分析不同产业链组织及不同政府规制条件下养猪户安全生产的心理决策机制,并以不同区域、不同规模为分组标准实证考察心理因素对养猪户安全生产决策行为的影响路径、方向与程度。

目标五:在以上目标的基础上,结合目前产业链组织服务功能和政府规制措施中存在的问题与制约因素,针对保障养猪户安全生产寻求解决方案。

针对以上研究目标,提出以下研究假说:

研究假说一:不同产业链组织的服务功能有差异,对养猪户安全生产决策行为的影响也有差异;产业链组织服务功能的发挥可能依赖于养猪户的安全生产意向。

调查表明,我国农民专业合作组织已经在多方面发挥功能,但不同组织提供的服务差异很大(黄季焜,等,2010)。养猪协会等合作组织的产生与发展动力来源于相对单个养殖户面临市场交易时的交易成本下降以及与下游环节的讨价还价能力提高,并由此形成一定的垄断,取得上游养殖环节的垄断利润。结合产业链组织的实际功能将产业链组织提供的服务归为引进或自繁新品种、技术培训、价格等信息服务、统一提供饲料、统一防疫或提供兽药、统一销售等方面,基于此做出以下分假说:

分假说1:有引进新品种或自繁新品种的产业链组织,为新品种的推广或控制新品种的市场供应而有可能采取措施保障养殖户安全生产。

分假说2:有统一提供饲料或兽药服务的产业链组织,有可能更倾向于采取措施保障养殖户安全生产。

分假说3:有统一品牌销售或统一商标销售的产业链组织,为品牌推广与市场维持而可能更有动力采取措施保障养殖户安全生产。

另外,产业链组织服务功能的发挥可能受养殖户自身安全生产意识的影响,自身安全意识强的养殖户,可能会更加在意产业链组织服务功能的发挥。

研究假说二:不同区域政府规制水平和规制能力有差异,对农户安全生产决策行为的影响也有差异;政府规制作用发挥的边际效应,依赖于养猪户的安全生产意向。

生猪质量安全保障方面的政府规制行为主要指宏观层面的法律法规制度与政策宣传及微观层面的具体的规制操作行为,具体包括违禁药物和饲料添加剂等品目宣传、兽医服务水平、检查监督力度、检验检疫水平、违规惩罚力度、环境规制强度、保险等补贴强度、资金扶持力度等方面。操作层面的规制水平和规制能力与地方经济发展水平是密切相关的,经济发达的地区财力基础雄厚,更有能力加强政府规制措施,提高政府规制水平。我国东、西部经济发展水平不平衡,所以,不同区域的政府规制在生猪质量安全管理方面发挥的功能不一样。政府规制水平可能还依赖于养猪户的自身安全生产意向,如果养猪户安全生产意识强,政府规制发挥的作用可能就更大。

研究假说三:产业链组织、政府规制可能通过养猪户安全生产意向、目标、认知等心理变量影响其安全生产心理决策,不同个体特征的养猪户可能会有不同的表现。

产业链组织服务功能的发挥与政府规制水平的高低受养殖户自身安全生产意识的影响,自身安全意识强的养殖户,会更加在意和关注产业链组织服务功能的发挥与政府规制政策措施。根据计划行为理论,农户决策行为会受到农户心理意向因素的影响,养殖户的心理因素为其提供了有关经济活动可能的倾向性,并在很大程度上决定着行为决策的方向;心理意向因素又与农户的行为目标、对安全生产行为的认知以及所处的环境因素有关,不同地区、不同规模的养猪户安全生产心理决策的形成可能会有差异。

结合以上研究的研究目标和研究假说,提出以下研究内容,具体分8章阐述:

第一章为导论,介绍研究背景、研究意义;界定相关概念、研究范围,明确研究目标、研究思路,说明本书所用的理论和研究方法,总结研究的创新和不足之处。

第二章为理论基础与文献综述,对猪肉质量安全的相关研究成果、产业链管理与质量安全管理、政府规制与质量安全管理的相关研究成果以及农户生产行为的研究成果分别进行梳理和评述,从中发现现研究中的不足,明确本研究的内容和重点。

第三章为研究背景,对猪肉产业链发展状况以及猪肉产品消费特点与趋势进行梳理与描述,同时对养猪户所处的不同组织环境、政府规制措施等背景情况进行描述与介绍,以便更好地理解不同外部约束条件下养猪户的安全生产决策行为。

第四章为研究框架,研究产业链组织治理、政府规制与养殖户质量安全行为的分析框架。在已有相关研究成果的基础上,结合我国养猪户的生产实际,从农户行为理论出发,详细阐述并分别讨论产业链组织治理和政府规制对养猪户质量安全生产决策行为影响的理论分析框架，以及产业链组织与政府规制对养猪户安全生产心理决策影响机制的理论分析框架，据此提出待验证的假说。

第五章为产业链组织治理与养猪户质量安全行为的实证分析，在描述性统计分析的基础上，对模型中涉及的变量进行解释与说明，然后用含交互项和不含交互项的多元线性回归模型进一步剖析产业链组织对养猪户安全生产决策行为影响的内在作用机制。

第六章为政府规制与养猪户质量安全行为的实证分析，在描述性统计分析的基础上，对模型中涉及的变量进行解释与说明，然后用含交互项和不含交互项的多元线性回归模型进一步剖析政府规制对养猪户安全生产决策行为影响的内在作用机制。

第七章为产业链组织治理、政府规制对养猪户安全生产心理决策影响机制的实证分析，将产业链组织、政府规制变量和养猪户心理因素纳入结构方程模型中，对养猪户安全生产的心理决策机制进行实证分析，同时对养猪户所处的地区和规模进行分组比较分析，以进一步验证假说。

第八章为主要结论及政策建议，根据研究的基本结论，结合相关理论，针对养猪户安全生产决策问题提出具体的政策建议。

第四节　数据来源和研究方法

一、数据来源

本研究采用的数据包括第一手实地调查数据和第二手资料数据。

第一手实地调查数据是由养殖户基本特征、家庭经济特征、养殖决策特征、产业链组织发展、当地政府规制水平等情况构成的数据。结合研究目的和研究内容，为保证研究内容的代表性，我们依据生猪养殖规模、年出栏数，同时兼顾地区经济发展水平等因素，对江苏省、山东省和四川省的养殖户进行问卷调查，还针对具体省份不同区域、不同养殖模式和不同组织方式的养殖户进行随机抽样调查。

第二手资料数据包括江苏省、山东省、四川省 3 省历年统计年鉴中的 GDP 及其他公开披露的数据。例如，各地的农村统计年鉴中的主要生猪养殖情况、农民养殖收入情况及其构成数据，历年的农产品成本收益汇编资料中的各地区不同规模生猪养殖成本收益情况以及各地畜牧养殖信息网站的相关资料。

二、研究方法

本书以农户决策行为理论、产业链管理理论和政府规制理论为主要依据,采用理论分析、实证研究和比较分析相结合的方法,揭示养猪户安全生产决策行为的内在机制,主要采用的研究方法有:

(一) 文献阅读法

本研究问题的提出、研究框架的构思都是建立在大量的文献阅读、总结与归纳的基础上的。本书对有关农户安全生产行为、产业链组织、政府规制的变量设置进行了详细的研读,并结合我国养猪户的实际情况对有关测量项目进行修正,为问卷的设计和数据资料的获取奠定了良好的基础。

(二) 实地调研法

本研究对四川省、山东省、江苏省3省加入合作社等产业链组织的生猪养殖户进行了实地调研,对养猪协会等合作组织、生猪监管部门进行了访谈,掌握了第一手资料,为实证分析奠定了基础。

(三) 计量分析法

本研究采用描述性统计分析,对样本数据结构和变量特征进行了初步的统计分类分析;采用多元回归模型与结构方程模型的方法对所构建的理论模型进行实证检验,分析了产业链组织、政府规制对养殖户安全生产行为及其心理决策机制的内在影响机理。

(四) 比较分析法

比较分析不同区域、不同规模等不同分类维度下的养猪户在安全生产决策行为方面的差异,并对差异产生的原因进行解释。

第五节　研究范围、调查设计与技术路线

一、研究范围及其说明

本研究选取四川省、山东省和江苏省加入专业合作社的生猪养殖户进行问卷调查与实地访谈，选择这些地区和样本的理由是：四川省生猪出栏量连续十年居全国第一，生猪养殖的规模、生猪产业组织的发展以及生猪产业政策等方面都具有一定的代表性；山东省农业产业化起步较早，生猪产业化、规模化以及市场化发展水平具有一定的代表性；江苏省经济发展水平较高，生猪养殖的规模化、市场化程度以及政府的产业支持政策具有一定的代表性。

同时，本研究为了深入了解不同产业链组织治理、不同政府规制条件下生猪养殖户的安全生产决策行为，在分区域抽样的时候还对生猪专业合作社、畜牧食品局、检验检疫中心（站）等地方畜牧部门的相关负责人进行了访谈与问卷调研。

二、调查设计、样本点选择与分布情况

本研究所设计的问卷分为六个部分，主要调查养猪户在日常防疫、用药规范、生产方式、日常管理以及对产业链治理的认知与态度、对生猪安全生产与质量控制行为的态度等情况。同时，本研究还针对产业链组织的核心环节——合作社等专业合作组织进行了调研，主要考察了合作社运营情况、服务功能发挥的情况、合作社发展遇到的问题与瓶颈以及未来的发展趋势；针对各地方畜牧部门进行了问卷调查与座谈，主要了解各地方畜牧部门在生猪检验检疫、安全监管及其具体规制行为的实施情况和存在的问题等方面的信息。

本研究选取四川省、山东省和江苏省3个养猪大省为调研区域，具体样本点的选择依据于生猪养殖集中度、产业化水平以及经济发展水平的差异等方面的信息。调研实施包括两种方式，具体如下：

（1）调研小组实地访谈式调研。2011年6月6日到27日，调研小组在四川省眉山市仁寿县、资阳市雁江区、简阳市、乐至县、安岳县等五个市县畜牧部门的协助下，对加入合作社的养殖户进行了访谈式调研。2011年8月

1日到20日,调研小组成员分别在山东省潍坊市诸城市、日照市莒县、五莲县开展了实地调研,在当地畜牧部门以及其他部门的协助下,与养殖户面对面地访谈并填写问卷。2011年9月12日到25日,调查小组成员分别在南京市高淳县、苏州市张家港市、南通市通州区、海门市、无锡市宜兴市、连云港市灌南县和灌云县开展了实地调研。

(2)委托调研。2011年6月,调研小组在四川省开展调研之际,在四川农业大学动物科技学院和动物医学院老师的帮助下,委托这两个学院的学生利用暑期社会实践和放假回乡的机会对资阳市、宜宾市和眉山市等地实施调研,共获取有效问卷200份。2011年7月,委托山东理工大学经济管理学院学生在临沂市开展实地调研,得到31份有效问卷。2011年9月,委托连云港市灌云县驻地挂职干部对养殖户发放问卷并实施调研,获取有效问卷75份。调研之前,都进行了问卷的说明与调研的培训,以保证问卷质量。正式调研实施的时候派调研组成员参与调研并随时核查问卷。调研样本点分布情况如表1.1所示。

表1.1 调研样本点分布情况

省份地区	市县区	乡镇	合作社数	养殖户数
四川省地区 (258份,占32%)	资阳市雁江区	雁江镇	4	22
	资阳市简阳市	坛罐乡	3	27
		石盘镇	2	9
	资阳市乐至县	天池镇	4	24
	资阳市安岳县	石羊镇	3	19
		毛家镇	2	13
		龙台镇	2	14
		龙桥镇	2	16
	眉山市仁寿县	大化镇	4	28
		钟祥镇	5	33
		团结乡	3	22
	宜宾市高县	文江镇	3	23
	雅安市雨城区	草坝镇	1	8

续表

省份地区	市县区	乡镇	合作社数	养殖户数
江苏省地区（338份,占42%）	南京市高淳县	淳溪镇	2	14
		桠溪镇	2	17
	南通市通州区	四安镇	4	40
	南通市海门市	海门镇	1	11
	苏州市张家港市	凤凰镇	2	17
		乐余镇	2	18
		塘桥镇	2	17
	无锡市宜兴市	徐舍镇	2	11
		杨巷镇	2	16
	连云港市灌南县	新安镇	3	32
		张店镇	4	46
		花园乡	2	24
	连云港市灌云县	穆圩镇	2	23
		杨集镇	2	20
		同兴镇	1	11
		伊山镇	2	21
山东省地区（202份,占26%）	日照市五莲县	汪湖镇	3	28
		许孟镇	1	4
	日照市莒县	管帅乡	2	15
		东莞镇	2	20
	潍坊市诸城市	贾悦镇	4	41
		昌城镇	4	43
		桃林乡	2	20
	临沂市河东区	太平镇	3	16
		九曲镇	2	11
	威海市文登市	泽头镇	1	4
总数	19	39	97	798

三、技术路线图

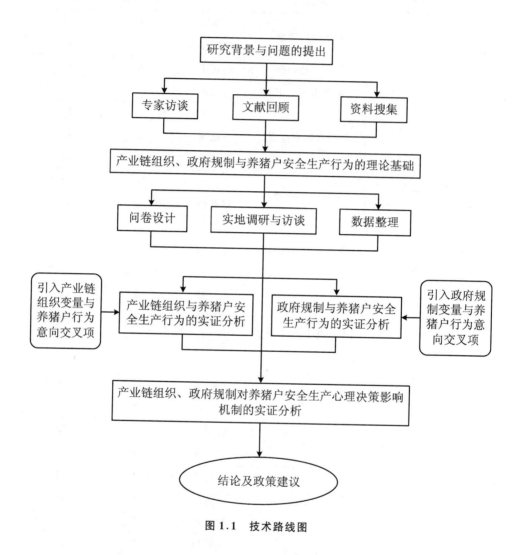

图 1.1 技术路线图

第六节 可能的创新和不足

一、可能的创新

从研究内容看,本书有别于以往有关农户质量安全行为的研究。结合不同区域产业链组织与政府规制条件,探索性地分别对养猪户安全生产决策行为、产业链组织和政府规制进行细化和测量,并在模型中纳入交互项等新的变量,实证分析生猪养殖户安全生产决策行为及其心理决策机制,使得研究更为深入且更符合现实情况,这是本书不同于其他研究的独特之处。

从研究对象看,本书以不同区域的养殖户为研究对象,同时对不同规模等分类维度下的养猪户安全生产决策行为进行了比较分析,突破了以往研究成果局限于某一个地区的情况。在此基础上,本书尝试性地针对不同地区的养猪专业合作社等产业链组织和当地政府规制水平下的养殖户安全生产心理决策机制进行实证与比较分析,使得研究成果更为深入和细化,相关的政策建议也更为透彻与准确。

二、不足之处

本研究可能存在以下不足之处:

第一,本研究所采用的数据为调查所得的截面数据,其基本假设是建立在养猪户静态决策之上的,研究只能做相对静态的分析,分析框架只是一个静态的情况分析,没有扩展到多阶段的动态模型,需要在今后的工作中进一步完善。

第二,养猪户安全生产决策本身是一个复杂的问题,某些变量的设置还存在疑义,例如,安全生产决策行为变量如何更准确地度量,产业链组织功能发挥涉及的具体变量如何更好地量化等仍有改进的空间,需要后续进一步深入研究。

第三,单纯社会经济以及心理变量难以完全刻画其决策过程,受生猪生长期、各地疫病防疫情况差异的影响,不同调研地区的养殖户所关心和关注的重点可能有差异,加上访谈者和被访谈者素质有差异,调查过程有难以避免的信息偏差,需要在以后的研究设计中进一步纠正。

第二章 理论基础与文献综述

本章主要整理并探索与本研究主题相关的文献,为本书的研究奠定理论基础,完善理论框架并提供研究方法,在前人已有的文献基础上明确本书的不同与贡献。首先回顾并总结农户行为的经典理论,在此基础上总结农户安全生产行为决策的相关理论与研究方法,最后整理并说明养殖户安全生产行为研究的现状。

第一节 理论基础

一般认为,人的行为都是在一定的环境条件下发生的。要探究人类行为,就必然要研究它的两个方面:一是动机,二是对环境的解释。对此,本研究将梳理与回顾农户行为的经典理论、理性经济人、行为经济学、新制度经济学以及契约理论、产业链管理及政府规制等基本理论内容,为探讨外部环境约束与养猪户安全生产决策行为之间的关系奠定基础。

一、农户行为的经典理论

农户行为理论主要以西奥多·舒尔茨(Theodore W. Schultz)为代表的"理性小农学派"和恰亚诺夫(Chayanov)为代表的"自给小农学派"最为经典。

舒尔茨认为,在传统农业中,小农与资本企业主对利润的追求与对生产要素价格的反应是敏感的、一致的。他们追求的目标都是利润最大化,会对市场信号做出积极而迅速的反应,积极抓住可能的机会。在面临预算约束、成本投入、利润及可能的风险时,他们都是很会盘算的生意人。他指出,传统农业的资源配置效率是合理的,之所以停滞、落后,其根本原因是资本投资的收益率太低,刺激不了人们对农业投资的积极性,导致传统农业就像一潭死水,毫无生机,而改造传统农业的出路在于寻找新的生产要素——技术变化和人力资本。他指出,研究农户技术采用行为时要考虑三个关键问题,即农户对农业生产要素接受的速度、对新要素的寻求以及对新要素的学习使用。他特别重视人力资本问题,他认为,资本不仅包括作为生产资料的物,而且应该包括作为劳动力的人。所以,改造传统农业,引进新的生产要素不仅要引进新的种子、机械等物质要素,还要引进具有现代化科学知识、能运用新生产要素的人。然而他没有区分农户因为经营规模、所处的产业组织以及因政府规制环境的不同而在决策上可能面临的不同约束,没有讨论农户在追求利润最大化时产业化组织等可能会改变其原有的资源禀赋而左右决策目标进而影响其生产决策。

恰亚诺夫认为,在市场化进程中,农户的经营目标与企业主的不同之处在于农户在农业生产活动中追求家庭对农产品的自身消费需求和农业劳动投入的辛苦程度之间的平衡,而不是利润和成本之间的平衡。在小家庭农场上,劳动者发挥能量的大小完全由家庭消费需求来决定,而能量付出的多少受限于劳动力自身承受能力的制约,也就是说,当因劳动投入增加而使农户主观感受到的"劳动辛苦程度"与相应的产量增加实现某种程度的平衡时,就可决定农户的合理农业生产规模。因此,他认为改造传统农业的方式是引导小农走合作化的道路。尽管小农缺乏足够的土地、资本或者劳动力把自己的农场发展到资本主义农场模式的最优规模,但是小规模农场之间可能存在某种比例关系进行合作而使得各个部分保持平衡。虽然他认为小农生产决策目标是满足自身消费,但也没有明确讨论小农的决策受合作关系或合作组织的影响程度。尽管如此,当前我国农产品的商品率已超过了80%[①],自给性消费已经不能简单地描述农户的行为目标了。

由于研究者所处历史阶段的不同,他们会根据所处的特定历史背景和环境得出不同的科学结论。在我国现阶段,农产品尤其是猪肉产品的商品化率和以前相比有了很大的提高,农业生产不再只是为了满足家庭自身的消费需求,已成为农户家庭经济收入的重要或主要来源。农户在追求生猪产量和利润最大化的理性行为的同时,由于猪肉的经验品特征,其生产过程中可能会存在违禁药物添加剂以及兽药残留等影响猪肉产品质量的"非理性行为",而养殖农户所面临的产业组织环境和政府规制环境的不同可能会

---

① http://www.foods1.com/content/20166/.

导致不同的安全生产决策行为,因此,有必要从实际情况出发,进一步总结农户经济行为的内在规律性。

二、理性经济人与行为经济学

舒尔茨(1964)认为,农民的经济行为是理性的,传统农业中的农民就像企业家一样,在特定的资源和技术约束条件下从事农业生产,动机和目标在于追求利润的最大化。波普金(1979)认为,小农是一个在权衡了长期或短期利益以及风险因素之后,为追求最大生产利益而做出合理选择的人,是理性的小农。当然,理性行为主要受外部经济条件、信息搜寻成本以及主观认识能力的多重制约,如果能设身处地从小农的角度考虑,就可以发现被认为是不理性的行为却恰恰是外部条件限制下的理性行为(林毅夫,1988)。但是,在农村的经济发展过程中,农民不仅表现出经济理性,还有社会理性。农民的社会理性是指生产活动不受利润原则制约,劳力和资源配置也不是从最大经济原则出发,而受制于伦理、道德与习俗等传统力量。斯科特在《农民的道义经济学:东南亚的反叛与生存》中,放弃了用新古典经济学所奉行的理性原则来解释农民行为的做法,转而以一种"生存的经济学"去考察东南亚农民的生存。他指出,在"安全第一"的生存伦理下,农民追求的绝不是收入的最大化,而是较低的风险分配与较高的生存保障。

行为经济学将心理学和经济学有机结合起来,赫伯特·西蒙最早将有限理性概念引入经济学分析框架,并建立了有关过程理性假设的各种模型,研究现实中经济主体的决策过程。他认为,人们只能在决策过程中寻求"满意解"而难以寻求"最优解","行为主体打算做到理性,但现实中却只能有限度地实现理性"[①]。从行为经济学的基本假设来看,有限理性假设和偏好内生是核心,也就是说,当经济个体在不确定条件下进行判断与决策时,理性往往是有限的。有学者通过对行为经济学和传统经济学的比较发现,以行为经济学的观点,决策心理特征、行为模式和决策结果相互之间是互动的和关联的,存在许多决策反馈机制,这就意味着传统经济学中有关偏好稳定的基本假设被推翻了。行为经济学研究框架中认为,经济主体的偏好会随着环境的变化而发生演化,会围绕着偏好的演化而反馈决策结果,形成甚至调整行为模式。这就使得行为经济学从一开始就是动态的分析,而不像传统

---

① 赫伯特·西蒙,1989.现代决策理论的基石[M].杨砾,徐立,译.北京:北京经济学院出版社.

经济学那样重视静态和比较静态分析。行为经济学强调当事人认知能力的局限和偏好的内生性,强调决策作为一个学习过程的动态变化,这种对人的基本假定构成了其与传统经济学不同的关键所在(于全辉,2006)。

一般来说,养殖户生产经营的动机与目的在于养殖收入的最大化。在疫情风险、交易成本以及政府规制的环境下,这种理性也只能有限地实现。作为独立经营决策的养殖主体,他们只能被动地接受市场价格,而有关市场需求变化以及猪肉质量安全等方面的信息则由于交易或传递成本的存在而很难实现有效反馈。产业链组织的主要实现形式——合作社的出现,使得交易成本有了被降低的可能,该组织对质量安全行为也有了实现控制与追溯的可能。产业链组织和政府规制对养殖户的激励约束程度又可能使得养殖户经营动机与理性发生进一步的演化与调整,这些都需要进行实证检验与分析。

三、新制度经济学与契约理论

制度是人际交往中的规制及社会组织的结构和机制。制度经济学的研究始于科斯《企业之性质》,他认为,要解释经济现象、经济行为和经济关系就必须研究对它们产生影响、支配或约束作用的制度安排。科斯通过引入边际分析和边际交易成本概念,使得各种具体制度的起源、性质、演化和功能等的研究,建立在以经济个体为基础的比较精确的实证分析上,创立了可以经验实证的制度分析方法。科斯认为,诸如灯塔制度、农夫与养牛者的利益纠纷、环境污染等现实问题的实质是产权的界定和变迁,而产权结构的选择或者解决纠纷的制度安排,又取决于利益关系人之间相互协调和影响的边际交易成本。诺斯(1994)运用成本-收益分析法,认为一项新的制度安排只有在创新的预期净收益大于预期的成本时才会发生。这分两种情况,第一种情况是因市场规模扩大、生产技术进步和社会集团对自己收入预期的改变促成的制度创新;第二种情况是由技术创新、信息传播等创新成本的降低导致的制度创新。制度创新的真正原因在于,创新成本的降低可以使得经济行为主体在新制度的安排下获取潜在的利润。

当个人所表达的关于他们自己的价值和利益的价格较低时,他们能做出的选择就较多,但是当要表达的自己的意识形态、规范和偏好的价格十分高时,他们对人类行为的解释较少(Nelson & Silberberg, 1987)。诺斯认为这一点有助于理解大量的关于制度及其对决策影响的方式的问题,即制度能根本改变个人支付的价格,因而常常能使思想、意识形态和教条主义在个人做出的选择中起主要作用。由于经济组织的演进是为了捕捉一些获利（或损失）机会，他们不仅变得更加有效（Chandler，1977），而且还逐渐改变了制度框架，而这种框架决定人们相互关系间某种形式的制约，制度确定和限制了人们的选择集合（诺斯，1994）。对于农产品质量而言，正如埃格特森（1990）总结的那样：一般而言，在新制度经济学的分析范式中，产品质量的度量费用对契约的结构、市场组织和经济制度会产生系统性的影响，当度量费用上升的时候，经济力量（竞争）会产生新的可以降低度量费用（交易成本）的安排。也正是因为度量质量属性所要的成本有差异，才出现了各种各样的市场习惯做法，这些做法用来降低度量成本并使得商品最终成本最小化。

契约理论是研究特定交易环境下不同合同人之间的经济行为与结果，往往需要通过假定条件在一定程度上简化交易属性，建立模型来分析并得出理论观点。不完全契约理论发展了专用性投资理论并解释了企业的存在，当专用性投资增加时，总存在着一体化替代契约的偏好，不确定性和复杂性也降低了契约相对于一体化的吸引力。在猪肉产业链中，直接面向消费者的销售企业或品牌专卖店有保障猪肉质量与安全的市场压力与约束。以品牌专营形式的链条为例，零售终端下游的市场需求压力会转移并传递到上游生产环节，即要求甚至进行专用性投资使得上游严格执行统一的标准，以保障猪肉质检安全，维持猪肉产品特性。主要方式是通过支持生猪养殖合作社并与合作社签订契约关系，将这种监督成本转移到合作社身上。这样做的原因，一是通过专用性投资，保障猪肉稳定的货源，同时维持猪肉产品特性，在某种程度上实现猪肉产品细分市场的垄断，从而有机会获取该垄断利润以弥补专用性投资所付出的成本；二是以契约的形式，通过养殖户自愿组成的专业合作社来形成利益共同体，实现自我监督与互相监督，从而降低监督成本。

四、产业链管理理论

农业产业链管理（agricultural chain management）是供应链管理理论在农业领域的具体应用，它是将农业生产资料供应、农产品生产、加工、储存、销售等环节链接成一个有机整体，并对其中的人、财、物、信息、技术等要素进行组织、协调与控制，一起获得农产品价值增值的活动过程（王凯，2002）。农业产业链管理通过"公司＋农户""公司＋合作社＋农户""公司＋基地＋农户""公司与农户垂直一体化"等产业链组织形式，将小农户与加工企业、销售商通过契约合同等协作模式链接起来,其目标在于减少交易成本,实现农产品的增值。同时,各个环节之间紧密协作,便于实施全程质量管理,提高安全、优质农产品的供给保障水平。农业产业链管理模式在提高分散小农户的组织化程度、保障安全农产品供给及其价值增值等方面具有独特优势,是未来农业发展的方向之一。

实施产业链管理模式,对于保障农产品的有效供给和安全供给具有重要意义。一般而言,产业链管理使得小农户与大市场的链接更容易实现,虽然降低了交易成本并在某种程度上规避了市场风险,但也要遵循市场价格法则。产业链管理模式对农产品质量安全的保障作用越来越值得深入研究,于是在研究的过程中逐渐形成了产业链质量管理的概念。所谓产业链质量管理就是指产业链条上各个环节通过契约或合约的形式建立联系,而且每一个环节都要负起质量安全的责任,共建质量安全管理体系,逐步实现整个链条上的信息共享和质量的可追溯性。从理论上看,产业链管理对保障猪肉质量安全有积极作用,那么现实中产业链管理模式能否普及、如何实施产业链管理模式以保障猪肉质量安全等问题还需要进一步探讨。

五、政府规制理论

从行政法的意义上说,政府规制(regulation)一般是指政府行政机构根据法律授权,采取特殊的行政手段或立法、司法手段,对企业、消费者等行政相对人的行为实施直接控制的活动。在经济学家看来,政府规制的作用范围主要在微观经济领域,它是政府的微观管理职能,与能保证经济稳定与增长的宏观经济政策构成政府干预经济的两种主要方式,因此被称为微观规制经济学。政府规制通常包括经济性规制和社会性规制。经济性规制是指对自然垄断行业的市场进入和退出条件、价格和消费水平产品以及服务质量等做出明确的规定;而社会性规制是为了保障劳动者与消费者的安全、健康、卫生,达到防止公害、保护环境的目的,需要政府对某些产品和服务的质量以及为提供这些产品和服务进行的各种活动制定一定的标准,根据这些标准来限制或禁止特定行为的规制。

20世纪70年代中后期,西方国家进行了规制改革,放松了经济性规制,逐步加强了社会性规制。因此,社会性规制活动的比重越来越大,并成为规制经济学的热点。经济学家史普博(1999)把政府规制所涉及的领域分为有可能存在市场失灵的"进入壁垒""外部性"和"内部性"三大类。第一类是明显与市场结构即企业间的垄断关系和竞争关系有关的(如自然垄断、违章行为);第二类主要与企业对特定社会群体造成的外部不经济有关(如环境污染、公共资源的耗竭);第三类主要与企业和消费者之间因信息不对称而引起的内部经济有关(如产品质量、作业场所的卫生与安全)。由此可以看出,第二、三类领域里的政府规制与社会性规制在内容上基本一致。

我国的农产品安全问题主要体现在外部性和信息不对称上,而由此进行的政府规制是对外部性和信息不对称所导致的市场失灵的回应,以修正市场机制的缺陷,减少市场经济运作给社会带来的损失。政府的规制措施主要有提供信息和制定标准。但是,政府规制在解决市场失灵的过程中也有其一定的局限性,只能作为市场的一种补充,无法完全替代市场。在信息不对称的市场中,对政府规制的需求必须权衡信息的生产成本与缺乏信息时的无效交易成本。在解决信息成本方面,政府虽然可以在信息搜寻、强迫私人信息显示、免费提供信息公共品和创造良好的合同签订与执行的法制环境等方面有所作为,从而降低经济活动中的信息成本,但政府在从事这些活动时本身也存在成本,有时甚至比市场方式所花费的成本还要高。保障猪肉质量安全的政府规制措施,从规制政策的制定到执行与实施之间会有一定的偏差,而且这种偏差会因当地经济发展水平以及财政状况而有不同的表现,相应地,不同规制水平下的生猪养殖户安全生产行为会有不同的反应与表现,这些都需要进一步进行实证探讨。

第二节 相关研究综述

一、产业链管理与质量安全的相关研究

产业链管理是指通过把产品生产过程中各个环节连接成一个有机的整体,实施有效管理。Starbird(2000),Henson等(2001)认为农产品交易各环节间的信息不对称与监管困难,使得农产品企业逐步走向纵向一体化经营、连锁经营、长期合作等经营模式以节约信息成本和监控成本。产业链管理对食品安全保障作用的优势主要体现在农业产业链管理能有效保证安全食品溯源体系(track and traceability system)的构建,降低溯源成本,提高监管效率(Knoeber et al.,1995;Boehlje,1995)。随着产业链管理与食品安全研究的深入,Gerrit 与 Jacques(1999)提出把诸如 HACCP、ISO9000、GAP 等质量标准体系与产业链结合起来,进而保证产品质量和安全。戴化勇、王

凯(2007)探讨了合作关系、产业链管理行为、产业链管理绩效以及农产品质量安全管理效率的相互关系。研究结果表明,除了合作关系对质量安全管理效率的直接影响不显著外,其他因素对质量安全管理效率的直接影响都比较显著。因此,企业应积极加强产业链管理以保证农产品的质量安全,提高企业的质量安全管理效率。卢凤君、叶剑、孙世民(2003,2006)对高品质猪肉供应链的合作模式、价格协商,特别是高品质猪肉供应链内加工企业和养猪场(户)的合作关系进行研究,提出以大型加工贸易企业为核心、适度规模的养猪场为养殖基地、超市或专卖店为销售商、中高收入的理性消费者为目标客户的供应链组织,是有效供给高档猪肉的理想组织模式。陈超(2004)通过对猪肉供应链的组织模式和组织效率的研究,认为我国猪肉产业分散经营、组织化程度低等因素加大了猪肉质量安全管理的难度,很难保证供应链终端产品的安全。戴迎春、韩纪琴、应瑞瑶(2006)通过对新型猪肉供应链垂直协作关系的研究认为,屠宰阶段与零售阶段通过合同及垂直一体化等方式的有效整合,在一定程度上解决了猪肉质量安全问题。季晨(2008)基于质量安全的角度对我国的猪肉产业链管理从组织、信息、物流三个方面进行具体研究,探求提高我国猪肉质量安全的途径。刘军弟(2009)从产业链的角度研究猪肉质量安全管理,分析了产业链两端养殖户和消费者的行为对质量安全管理的作用与要求。

已有的研究在产业链管理对保障质量安全的作用方面基本达成共识,但产业链管理如何保障食品质量安全,还需要进一步结合具体的农产品进行深入的分析,以总结产业链管理与食品质量管理内在的规律性。

二、产业链组织治理与农户生产行为

产业链的组织形式是多样化的,它包括合同、合作社和纵向协调以及垂直一体化等各种形式(Martinez,2002;夏英,等,2000)。周洁红(2006)、戴化勇(2007)等探讨了是否加入合作组织对蔬菜质量安全生产意愿有正向的影响。胡定寰等(2006)分析了合同模式对苹果生产农户安全生产有积极的促进作用。现如今,农户散养依然是我国生猪养殖的主要模式。众多学者以养殖农户为研究对象,探讨垂直协作、合同模式、合作经济组织等产业链组织与农户的链接方式对农户安全生产(养殖)行为的影响(张耀钢、李功奎,2004;卫龙宝,2004;张云华,2004;周洁红,2006;周洁红、姜励卿,2007;吴秀敏,2007;王瑜、应瑞瑶,2008;等),实证结果显示农产品质量安全和产业链组织与农户的链接程度有关,链接越紧密,其质量控制越容易。

这些研究以农户为研究对象,主要考察了户主特征、家庭特征、养殖经验、养殖规模、风险态度、质量安全认知、是否加入产业链组织或合作组织等对其选择交易方式以及药物添加剂使用行为决策的影响,也就是说,如果这些条件不同,农户生产决策行为就可能有差别。已有的实证研究的模型中都以简单虚拟变量的形式探讨组织对农户安全生产行为的影响,但这样的实证研究的背后隐含一个假设:养殖户所加入的产业化组织或合作组织是同质的,在治理机制、信息技术服务功能以及生产资料服务等方面是没有差异的。在大样本跨区域的农户问卷调查模型中,这一隐含的假定与实际情况是不相符的,研究所得到的结论忽略了产业链组织的不同功能及其性质对农户行为的影响,而这些被忽略的问题恰恰是影响农户生产行为的重要变量,因此,有必要以此为切入点,深入分析产业链组织对农户安全生产行为决策的影响。

三、政府规制与农户生产行为

对于政府规制的研究,国外已有不少学者就政府规制弥补市场失灵、提高资源配置效率和实现社会福利最大化做了分析,提出在规制中引入激励机制将有助于规制目标的实现(Posner,1974;Owen,Braentigam,1978;Loeb and Magat,1979)。政府规制对农户生产行为的影响主要有两个方面:一是以合约机制激励农户采用有利于社会福利最大化的行为,如美国政府提供农业保险,获得农业保险的农户相对于没有农业保险的农户来说,其过量投入化肥、农药的道德风险较少发生(Smith,et al.,1996)。此外,政府可以直接与农户签订合同,承诺对有利于环境的农业生产给予直接支付补贴以激励环境友好生产行为(Wu,et al.,1996)。二是建立严格的农产品质量安全法律法规体系,对有关食品安全的行为主体进行法律、标准等多种途径的约束。但是国外这种直接与农户订立合同的激励机制方式适合以大农户大农场为经营主体的发达国家农业生产体系,不能直接复制到我国以小农户为主体的农业生产体系。

国内学者提出通过食品产业链整体建立全国统一机构,促使食品安全的质量信号在产业链上进行有效传递,确保食品安全(王秀清,2002);另外,通过产品认证、安全标识、市场准入、检查监测等信息显示方法来揭示质量安全信息,减少信息不对称和提供行为激励(周德翼、杨海娟,2002;周洁红、黄祖辉,2003)。周峰(2008)实证检验了政府规制对农户蔬菜安全生产意愿的影响,政府规制变量主要是以无公害认证、对监管的了解和对处罚的了解来衡量的。

在当前以散养和中小规模户为主的生猪生产体系下,政府在食品安全法律法规宣传、制定质量安全标准、完善检验检疫体系等方面都要付出极大的成本,具体操作层面的政府规制水平和规制能力受不同经济发展水平的影响而有一定的差异,而不同的服务职能的履行对农户生产过程中的信息获取、防疫技术指导以及政策的传达等方面具有不同的作用,从而对养猪农户的安全生产经营决策产生不同的影响。

四、计划行为理论与农户心理决策

计划行为理论(theory of planned behavior,TPB)源于社会心理学,研究人类各种有意识的行为,其基本前提假设是人的行为一般是理智的,是系统利用可获得的明确或不明确的信息并付之于行动的过程(Ajzen and Fishbein,1980),行为人的行为意向是行为的直接决定因素,各行为变量之间是线性关系。该理论通过权衡行为的潜在决定因素,包括态度、主观规范、感知行为控制来预测并理解人们的行为。TPB 以三个阶段来分析行为的形成过程:① 行为决定于个人的行为意图;② 行为意图决定于该行为的态度、行为的主观规范和认知行为控制这三个或者其中某部分的影响;③ 行为的态度、主观规范及认知行为控制决定于人口特征、个人特性、对事物的信念、对事物的态度、工作特性、环境等外部因素。

国内学者周洁红(2006)运用该理论探讨了农户蔬菜质量控制行为,得出蔬菜种植户的质量安全控制行为受其行为态度、目标和认知行为控制影响的结论,也指出政策法规、社会舆论等外界环境因素对菜农的质量安全控制行为态度与目标有一定的影响。王瑜(2008)同样采用计划行为理论构建模型分析养猪户质量安全控制行为,但没有就产业链组织与政府规制如何影响养猪户安全生产心理决策进行深入探讨。养猪户生产经营主要面临的就是产业链组织环境和政府规制环境,根据计划行为理论的内容,人的行为都是在一定环境条件下发生的,推动人的行为的动力因素有行为者的需要、动机和既定的目标,那么,不同产业链组织治理环境与不同政府规制治理环境下的养猪户安全生产心理决策机制就值得进一步深入探讨。

【本章小结】

本章总结并梳理了农户行为的经典理论、行为经济理论、新制度经济学与契约理论、产业链管理理论以及政府规制理论,为本书研究内容的设计与具体开展奠定了基础;同时,本书还综述了最新的关于农户安全生产决策、农产品质量安全及其相关的研究文献,总结后发现:养殖户生产经营的动机与目的在于养殖收入的最大化,但现实中由于生产经营分散、市场信息难以有效迅速传递、疫情风险难以预测等因素,养猪户无法实现其经济行为的理性最大化。同时,养猪户决策还受其自身能力、资源禀赋以及复杂的心理决策机制的影响,养猪户只能在有限程度内实现有限理性。作为独立经营决策的养殖主体,他们只能被动地接受市场价格,而有关市场需求变化以及猪肉质量安全等方面的信息则由于交易或传递成本的存在而很难实现有效反馈。产业链组织的主要实现形式——合作社的出现,使得交易成本有了被降低的可能,而且该组织对质量安全行为也有了控制与追溯的可能,产业链组织和政府规制对养殖户的激励约束程度又可能会使得养殖户经营动机与理性发生进一步的演化与调整,这些都需要进行实证检验与分析。

已有的研究在分析产业链组织和政府规制对农户生产决策的影响时,都以虚拟变量的形式代理,放入模型中对农户生产行为决策进行模拟,往往忽视了其内在隐含的假设,即所加入的组织都是同质的,且这些组织有激励去保障农户的安全生产,所受到的政府规制也是同质的,而这些所被忽视的内容对实际的生产经营决策模拟有重要的作用,在具体研究中应予以修正,以便更深入准确地把握外部环境对农户生产决策行为的内在作用机理。

还有,养猪户安全生产决策本身是一个复杂的过程,其心理决策机制也值得深入探讨,可以基于计划行为理论等研究成果,探讨产业链组织与政府规制等外部治理因素对养猪户安全生产心理决策的影响机制。

产业链组织环境、政府规制水平的差异与地区经济发展水平和养猪业在当地经济发展中的地位与作用有关,所以需要选取能够体现经济发展差异的养猪大省作为样本研究范围,需要选取各省不同养殖模式和不同规模的养猪户作为研究对象,这样才能更准确地模拟和把握养猪户安全生产决策的普遍规律。

第三章 研究背景

本研究拟解决的关键问题之一是养猪户安全生产决策行为差异的解释,而这些解释需要一定的背景知识来铺垫。因此本章的主要内容是描述猪肉产业链的发展状况以及猪肉产品的消费特点与趋势,对江苏省、山东省、四川省3省生猪产业链的组织发展情况、生猪政府规制措施等方面的信息进行梳理与描述,以便更好地理解不同外部约束条件下养猪户的安全生产决策行为。

第一节 猪肉产业链概况

猪肉产业链是由育种、养殖、屠宰、加工、运输和销售等环节相连接的一个有机整体(图3.1),其中涉及种猪场、养殖场(户)、屠宰加工企业、销售企业以及饲料企业、兽药企业、经销商(经纪人)等多个行为主体。猪肉产业链各个行为主体之间相互关联,信息、资本、技术、物流等要素在他们之间流动,形成一个独立系统。猪肉产业链的组织形式是多样化的,它包括合同、合作社和纵向协调以及垂直一体化等各种形式,具体有核心企业推动、养殖大户带动和政府扶持等几种类型。我国现有生猪养殖主要有三种模式:传统的农户散养、专业化的养殖户养殖和规模养殖基地(养猪场)养殖。其中,传统的农户散养和专业化小规模养殖户占主导地位,而且在国家政策的鼓励与行业变革的推动下,小规模养殖正在逐步萎缩,专业化规模养殖的比重正在逐步增加。据相关研究预测,到2020年,小规模农户散养的比重将降到30%,专业化养殖户养殖和规模养殖基地(养猪场)养殖的比重将增加到40%和30%(Zhou,2006)。

在猪肉质量安全事件频发的背景下,为有效保障猪肉质量安全,国际经验是广泛实施"从农田到餐桌"(from field to table)的全程质量管理,要求产业链的每个环节共同承担起责任,实施产业链管理,发挥链条整体优势。国外的经验表明,产业链管理能有效链接和监控猪肉生产的各个环节,对猪肉质量安全起到追踪(tracking)和追溯(tracing)的作用,这种链状(chain)的新型猪肉生产管理模式已经逐渐被猪肉生产者所采纳。从猪肉产业链要素管理的角度看,产业链管理包括组织链、信息链、物流链与价值链等具体的四条链(王凯,2004),每条链在不同的程度与不同的方面影响产业链整体系统的绩效。要保障猪肉质量安全就必须从其生产源头如饲料和兽药等投入物的使用开始,对生猪饲养、屠宰、加工、运输、销售等各环节进行严格地控制与管理,把产品生产过程中各个环节连接成一个有机的整体,实施有效管理。

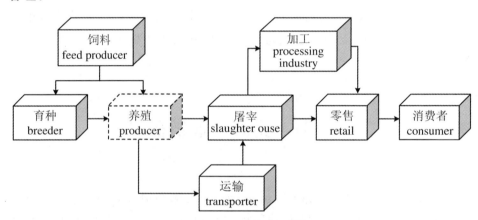

图 3.1 猪肉产业链示意图

我国猪肉产业链链条较长,各环节参与主体较多,包括育种、养殖、屠宰、加工、流通、销售、消费等环节,而实际上,我国猪肉产品的质量安全问题主要集中表现在兽药、激素残留、添加剂、抗生素等方面,即生猪生产的投入品,那么主要涉及的环节是生猪饲养环节即养殖环节,如图 3.1 中虚线框所示。因此,生产养殖环节的养猪户安全生产决策行为问题仍然是研究的重点和关键。下面就猪肉产业链各个环节的内容以及各个环节之间的关系做简要说明。

(1)育种。主要为种猪或仔猪企业,其职能主要为优良品种的引进与改良、创新与培育,比如四川五友农牧集团良种母猪繁育与 DLY 仔猪生产公司、山东得利斯集团下属种猪育种公司、江苏省"苏太猪"扩繁场与枫华投资 PIC 种系繁育体系等,育种企业主要向下游养殖环节提供种猪或者 8～9 周的仔(苗)猪及其服务。

(2)养殖。主要为养殖场(户),养殖环节为下游屠宰环节提供体重100千克左右的商品(育肥)猪,该环节饲养周期一般为3~7个月,饲养或育肥期内所有的投入品都有可能会引起猪肉质量安全问题,由于我国现如今的养殖模式主要是分散养殖,而且规模以中小型居多,所以育肥养殖环节是猪肉产业链条中最容易出现问题的一环。

(3)屠宰与加工。在我国实行定点屠宰制度,其主体为屠宰加工企业或定点屠宰场,主要对上游供应的商品肥猪进行屠宰。屠宰前要进行检验检疫,对屠宰后的胴体进行进一步分割,制成各种猪肉细分产品,再配送给销售终端进行销售或者进入加工流水线进行深加工,如河南双汇、江苏雨润、四川希望集团以及山东金锣、得利斯等大型企业。该环节由于屠宰加工企业资金与管理实力雄厚,一般在猪肉产业链中处于核心位置,在某种程度上主导着产业链的发展水平与方向,同样,也由于其被追溯的概率高,一般该环节都有严格的质量管理控制体系与标准,猪肉质量安全问题发生的概率较低。

(4)流通和销售。该环节在猪肉产业链中主要负责猪肉产品及其制品的流通与销售。猪肉产业链中的流通与运输主要有活体运输和猪肉产品冷链运输两种,其中屠宰后的猪肉产品流通主要是冷链运输。我国猪肉销售渠道主要有农贸市场、超市、专卖店等。由于我国居民的消费习惯,农贸市场热鲜肉仍然是最主要的销售渠道与对象,而超市与专卖店的冷却(鲜)肉也正逐渐成为重要的零售对象,譬如河南双汇、江苏苏食、雨润以及山东金锣等都以专卖店形式销售冷却(鲜)猪肉。

(5)消费环节。猪肉产品是我国居民最主要的肉类消费品,猪肉占人均肉类消费总量的比重为60%以上。从产品结构来看,以生鲜猪肉消费为主。随着人们收入水平的提高以及健康意识的增强,人们越来越关注猪肉及其制品的质量与安全,对高档猪肉及其制品消费的需求越来越强烈。

(6)饲料生产环节。在猪肉产业链中,饲料生产与加工企业主要向育种与养殖环节提供饲料产品与服务,饲料的质量与安全水平直接关乎生猪的健康营养与质量安全。目前,我国饲料生产企业主要有四川新希望、山东六和以及江苏无锡正大等,由于该行业集中度较低,而且客户多为散养户,在技术服务品质与安全质量控制方面尚存在提升空间。

(7)其他。猪肉产业链中除了以上主要环节以外,还涉及生猪收购环节的经纪人即猪贩子。一级经纪人在供货商和养殖户之间,从大量分散的养殖户手中收购生猪,并提供给供货商;二级经纪人则负责向一级经纪人提供猪源信息。供货商有权与屠宰加工商签订合同,将收购来的生猪贩卖出去。我国大多数养猪户直接从猪贩子那里获取市场信息,而猪贩子有一定程度的定价权,该环节对养猪户安全生产决策行为的影响也不容忽视,以后需加强该环节的研究。还有政府相关部门,如畜牧兽医局(站)、肉类协会等,为生猪质量安全、动物福利以及环境规制制定了一系列具体的规制措施,都会直接影响猪肉产业链中各个环节经营主体的具体行为。

第二节 猪肉产品消费的特点与趋势

本节对消费者猪肉产品消费的特点与趋势进行分析,把握消费者的市场需求特点,以更好地理解猪肉产业链的发展特点以及猪肉产业链经营主体的安全生产决策行为。

一、猪肉产品的消费水平与趋势

猪肉消费是我国城乡居民日常生活消费的重要组成部分,其比例基本维持在肉类消费的60%~80%。我国居民猪肉消费水平如表3.1所示,假设城镇居民平均每人全年购买量约等于其消费量,那么城镇居民猪肉消费水平基本稳定在20千克左右,比农村居民人均猪肉消费水平高6千克;而且就肉类消费结构看,城乡居民猪肉的消费比重都比较高,只是由于收入水平的差异,城市居民牛羊肉的消费量是农村居民消费量的2~3倍,禽类消费同样比农村居民高出2~3倍。

表 3.1 我国居民肉类消费水平(千克)

指标	1990 年	1995 年	2000 年	2005 年	2009 年	2010 年
城镇居民家庭平均每人全年购买主要肉类数量						
肉禽及制品	25.16	23.65	25.5	32.83	34.67	34.72
猪肉	18.46	17.24	16.73	20.15	20.5	20.73
牛羊肉	3.28	2.44	3.33	3.71	3.7	3.78
禽类	3.42	3.97	5.44	8.97	10.47	10.21

续表

指标	1990年	1995年	2000年	2005年	2009年	2010年
农村居民家庭平均每人主要肉类消费量						
肉禽及制品	12.59	13.56	18.3	22.42	21.53	22.15
猪肉	10.54	10.58	13.28	15.62	13.96	14.40
牛肉	0.4	0.36	0.52	0.64	0.56	0.628
羊肉	0.4	0.35	0.61	0.83	0.81	0.80
禽类	1.25	1.83	2.81	3.67	4.25	4.17

数据来源：国家统计局《中国统计年鉴》，2011。

从表 3.1 中还可以看出，我国猪肉消费在肉类消费中的比重呈现下降趋势，但仍然占据绝对主导地位。长期以来，在我国居民的肉类生产消费结构中，猪肉一直占据主导地位，随着畜牧业结构调整的加快，我国牛羊肉、禽肉的产量和消费量迅速提高，猪肉产量和消费量平稳增长。随着城乡一体化和城镇化水平进程的加快，城镇居民猪肉消费量可能会进一步增加，消费者尤其是城市居民消费者对猪肉消费的质量安全问题越来越关注。

二、猪肉产品的消费结构、渠道与特点

随着人们收入与生活水平的提高，居民对猪肉产品的品质安全要求逐渐提高，猪肉消费由数量增加向注重品质与质量安全的方向发展。以南京市城镇居民为例，在猪肉消费中，排骨、大骨和瘦肉产品消费逐年增长，三者消费比重占猪肉总消费的 60% 左右，五花肉消费占 30% 左右，猪头、猪蹄以及下水等猪副产品的消费量占猪肉总量的 10% 左右[1]。

猪肉消费品种与分割品种呈多元化特点：一是生猪品种的多元化，二元、元杂交猪猪肉占据猪肉消费品种的主导地位，主要是因为杂交猪的瘦肉率高，受到消费者的青睐；还有一些地方的土猪品种，也是消费者钟爱的消费对象。二是猪肉分割越来越细，排骨中就有前排、肋排，瘦肉中有前肘肉、后肘肉等，猪肉馅儿也有偏瘦与偏肥型多种，由消费者挑选消费；同时随着

---

[1] 课题组根据 2010 年 4 月 17 日至 24 日对南京市猪肉消费者的调查统计数据整理。

猪肉产品深加工技术的发展,猪肉产品加工种类越来越丰富,冷鲜肉[①]、冻肉、猪肉制成品等日益扩大了人们的猪肉消费选择范围。由于传统饮食习惯,我国居民大多热衷于吃热鲜肉,然而热鲜肉的营养水平相对冷鲜肉要低一些,活猪被屠宰后由于系统循环停止,导致猪胴体温度迅速上升至 42 ℃,高烧使大量细胞破裂,猪肉的营养、口味、色泽全面流失,这一点逐渐被消费者所认识到,因此,从发展趋势来看,冷鲜肉将逐步取代热鲜肉和冷冻肉。

目前,我国猪肉经营已逐步由农贸市场的粗放经营向集中分割、成品包装、冷链配送、连锁专卖的品牌经营过渡。自 1999 年河南双汇集团尝试连锁经营模式以来,江苏雨润、河南众品、山东金锣以及得利斯等企业纷纷复制连锁经营模式,抢占市场终端。在农村地区和小城镇,露天市场与农贸市场是最普遍的零售渠道,与农村市场相比,城市以超市、大卖场为代表的新型零售业态的迅速崛起,给传统肉制品的批发、零售渠道带来了巨大冲击。与露天市场相比,超市和专卖店在技术和物流管理方面具有优势,全程冷链物流可以有效保证猪肉产品质量的稳定性,而且其日常管理能够符合冷鲜肉的质量安全管理要求标准。因此,以超市和专卖店形式出售猪肉产品容易培育新的品牌,并在消费者中产生越来越大的影响。

猪肉品牌连锁专卖店作为重要的猪肉产业链终端形式,鉴于其在猪肉质量控制以及猪肉安全供给方面具有独特的优势,已逐渐成为品牌猪肉企业切入市场和控制销售终端的利器,品牌猪肉企业之间的竞争也愈发激烈。根据有关猪肉品牌专卖店顾客忠诚度的研究发现,消费者对品牌猪肉连锁专卖店所售猪肉产品质量的满意度是影响其购买决策的最重要因素,同时店面服务与环境质量也是影响其关系信任进而影响其决策的重要因素[②]。这揭示了未来猪肉消费的趋势,同时对当今买方市场背景下猪肉企业应对市场竞争并制定未来发展战略有重要的政策参考意义。

---

① 热鲜肉指宰杀后未经冷却处理直接上市销售的鲜肉;冷冻肉指屠宰后以冻结状态销售的肉;冷鲜肉指将屠宰后的胴体在 0～4 ℃迅速冷却,并在后续加工、流通和销售过程中始终保持 0～4 ℃的生鲜肉。

② 王海涛,王凯,王勇,2012.猪肉品牌连锁店顾客忠诚度评价及其影响因素实证研究:基于南京市消费者的问卷调查[J].中国农业科学,45(3):598-606.

第三节 猪肉产业链的组织发展状况

本节通过实地调查访谈与资料查阅,分别从猪肉产业链条上生猪养殖环节的产业链组织创立模式、组织运行机制以及组织功能状况等方面对生猪产业链组织发展的状况、特点进行分析与描述,从而为理解不同产业链组织环境下养猪户在安全生产决策行为上的差异奠定基础。

一、组织创立模式

近几年来,生猪养殖户中的散养户的组织化程度越来越高,正向规模化与专业化养殖模式转变,就所调研的3个省份来看,养猪户与当地龙头企业之间多采用产业化经营模式,创立与发展产业链组织,主要有以下几种模式:

(1)"公司+农户"订单式合同模式。这种模式多以肉类屠宰加工企业为主体,与农户(养猪场)签订合同,采用订单方式收购肉猪,企业在收购猪的品种组合和饲养上提出要求,并给予指导,企业在收购价上给予优惠,以略高于市场价或设定保护价进行收购,以降低农户养猪风险。实践中,这种模式的缺陷是企业与农户之间的约束力不高,导致履约率不高。

(2)"公司+基地(园区)+农户"模式。龙头企业与养猪农户链接模式的生命力在于经济利益链接的紧密程度,一些资金实力和规模大的公司,如江苏雨润集团、山东得利斯集团、四川省五友农牧有限公司、四川省资阳市四海发展实业有限公司等龙头企业,自建有饲养规模为1000~3000头的优良种猪场,拥有良种猪繁育基地,公司给农户提供良种、培训、防疫、生产全过程技术服务,按合同优质优价回收全部产品,以面向社会的公开招标的方式吸引农户自愿加入基地或园区,使养猪户与企业建立紧密合作关系,成为企业的间接生产单位或具有承包性质的产业工人。此种模式能有效保证猪肉产品的质量,增强市场竞争力,养猪户也更容易接受技术服务与标准化管理;缺陷是农户的资源禀赋要求较高,难以普及。

(3)"公司+专合组织(协会)+农户"模式。该模式的核心是创立养猪专业合作经济组织,即养猪协会。从调研的情况来看,生猪主产地区大多建有养猪协会。养猪协会是养猪户(场)在自愿的基础上组建起来的,贯彻"民办""民管""民受益"的原则,能反映和尊重会员的意愿,保护他们的权益。

近年来特别是《农民专业合作社法》颁布施行以来,各类农民专业合作社如雨后春笋般迅速发展。各地也高度重视合作社建设,从政策、项目、资金等方面加大了扶持力度,依托专业合作社构建统分结合的双层经营机制,把分散的农户组织起来推行标准化生产,并与龙头企业形成稳定的利益联结机制和运行机制,促进产业持续稳定发展,农民持续、稳定增收。猪肉产业链龙头企业通过专业合作组织(协会)与养猪户建立联系与利益保障机制,生猪专业合作组织成为龙头企业与农户连接的桥梁和纽带。该模式下的养猪户也是本研究重点关注与访谈的对象。

二、组织运行机制

组织机制是指组织管理系统的结构及其运行机理,其本质上是组织系统的内在联系、功能及运行原理,是决定产业链组织功能的核心问题。以四川省资阳市为例,该市积极探索猪肉产业链组织运行机制,创造了"六方合作+保险"机制,有效调动了猪肉产业链各个行为主体的积极性。"六方合作+保险"是在财政引导下,金融机构、农业担保公司、饲料企业、种畜场、协会农户、肉食品加工企业"六方"互动发展,保险企业全程保障的现代产业组织体系,具体如图3.2所示。

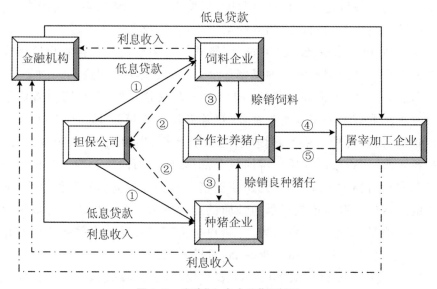

图 3.2 生猪"六方合作"机制图

资料来源:根据对四川省资阳市畜牧局与南堰猪业合作社以及养猪户的访谈整理绘制。

注:① 表示担保公司提供担保;② 表示回馈担保公司扩大业务;③ 表示回馈饲料或种猪企业扩大销售;④ 表示合作社养猪户高于市场价格销售生猪;⑤ 表示屠宰加工企业扩大业务量。

(1) 金融机构向饲料企业、种畜场、肉食品加工企业发放流动资金贷款。

(2) 农业担保公司为金融机构贷款提供一定的信用担保。

(3) 饲料企业在金融机构的支持下购入粮食,滚动加工为饲料,以优惠价向协会农户直接赊销、配送。

(4) 种畜场以优惠价向协会农户配送良种仔畜。

(5) 协会农户按出口标准饲养商品肉畜,订单交售给肉食品加工企业。

(6) 肉食品加工企业按照优质优价的原则,直接收购协会农户生产的商品肉畜,供加工出口专用,并代饲料企业和种畜场向协会农户扣收赊销款项。

(7) 保险企业以养殖保险为重点,全程参与"六方"的合作,帮助防范和化解风险,保障农户安全发展、稳定增收。在政府引导下,各利益主体之间以诚信为基础,以金融为依托,以协会为平台,以利益为纽带形成多方合作新机制。

其中,养猪专业合作社或养猪协会代表会员利益,与合作企业本着自愿、平等、互利的原则进行谈判,在畜牧部门指导下签订多边协议,并以协会为单位,按照"共同出资、财政补贴、风险共担"的原则,建立"六方合作"风险基金,按饲料加工企业每吨 8 元、肉食品加工企业每头 2 元、种畜场和农户每头各 1 元、财政每头补贴 2 元的标准筹集,实行专户储存、民主管理,主要用于防范信用风险和补贴养殖保险[①]。由于"六方合作+保险"机制给生猪产业链各个主体带来实惠与收益,该机制在四川省得到了有效推广与普及。

其他省也创造了许多具有借鉴意义的生猪产业化运行机制,譬如江苏省畜牧部门通过积极引导并鼓励龙头企业与农户建立多种形式的联结机制,创办合作社将农户紧密连接在一起,合作社对外(市场)是盈利性经济实体,对内(农户)是非盈利性服务组织,通过盈利在成员间分配和盈利返还,充分发挥农业产业化带农增收的作用。山东省诸城得利斯集团在牵头成立养殖专业合作社的基础上,建立了猪肉全程追溯系统[②],为有效追溯与保障猪肉产品质量安全提供了思路。

---

① http://www.zyrb.com.cn.

② 根据得利斯集团生产技术部负责人访谈,在所收购生猪体系从源头到终端导入基于 RFID(radio frequency identification,RFID)即射频识别技术的安全追溯系统,有效保障了生猪质量安全。

三、组织服务功能

合作经济组织成立的章程中一般都明确提出服务成员与谋求全体成员共同利益的宗旨。生猪产业链组织包括养猪合作社、协会、联合社等,将农户、养殖场、屠宰加工企业等有机联合起来,形成利益共同体进入市场。在生猪生产的质量管理体系中,合作社通过"统一供种、统一饲料、统一兽药、统一培训、统一疫病防治、统一销售"的服务功能,保证生猪质量安全。

(1) 在统一供种上,合作社或养猪协会一般都针对特定市场和生产需要,统一引进或自繁良种猪进行供应。以江苏省张家港地区养猪协会为例,合作社统一喂养的品种是当地消费者青睐和偏爱的苏太猪。该品种猪是利用苏太猪为母本,与外品系公猪(大约克)杂交而成的,是有50%中国猪血统的黑色瘦肉型猪种,性能优良,肉质鲜美而且耐粗饲料。四川养猪专业合作社主要饲养品种是DLY品系[①]。

(2) 在饲料兽药供应上,养猪专业合作社在保证质量的情况下可以自产饲料,也可选择通过国家法定单位认可的知名饲料厂家的饲料,与厂家签订供货和质量保证协议,协议要保证饲料中不添加任何违禁药物和致使药物残留的物质。兽药由合作社统一购进和指导使用,既可以防止治疗成本过高,又可以科学防疫与用药,提高生猪质量安全水平。

(3) 在统一培训方面,养猪专业合作社聘请业内专家学者或技术人员就生猪饲养管理、防疫知识、用药规范等进行培训与交流。一般而言,合作社每季度至少举行一次培训,每次培训都会涉及猪肉质量安全方面的内容。

(4) 在统一疫病防治方面,一般由合作社组织专家组制定详细、科学的疫病防治制度,通过培训与宣传使每个成员都清楚免疫、消毒以及常见病症先期处理等程序。合作社针对流行性强、传染范围广的疫病,如高热病、蓝耳病等,实施统一防疫,以更大程度地规避疫病风险。

(5) 统一销售方面,有的养猪专业合作社以合作社或协会的名义统一商标进行销售,逐渐培育猪肉产品品牌,追求整体利润最大化;还有的专业合作社统一联系销售市场,譬如四川资阳的合作社推行的"广泛联系,统一销售",哪里价位高、信誉好,就由合作社统一选择哪条销售渠道,在最大程度

---

① DLY三元杂交猪是利用国外引进的长白、约克与杜洛克公猪,进行三元杂交生产的商品猪。其方法是长白公猪与大约克母猪或长白母猪与大约克公猪交配,所繁殖的后代母猪,再与杜洛克公猪交配,所繁殖的后代称为DLY或DYL三元杂交猪。

上实现了利润增收,合作社社员也有积极性保障猪肉质量安全,树立合作社品牌。

第四节　猪肉产业的政府规制情况

"瘦肉精事件"以后,国务院专门成立了国家食品安全委员会,由国家食品药品监督管理局(State Food and Drug Administration,SFDA)、国家质量监督检验检疫局(以下简称质检总局)、农业部、商务部、卫生部以及国家工商总局等部门组成,已经初步形成了以法律法规为基础,由多部门分工协作、共同负责的食品安全管理体制。除了以上几个部门外,与猪肉产业链有关的部门还有公安部门、海关部门以及环保部门(详见表3.2)。其中,国务院食品安全委员会负责各部门各环节的协调,SFDA与公安部门对所有环节生产经营主体的生产经营行为以及遵守国家法律法规的情况进行监督与执法。除此之外,其他部门分别负责猪肉产业链部分环节的质量安全监管工作。

表3.2　猪肉产业链政府规制部门职能分配情况

部门	饲料、兽药投入品			养殖环节		屠宰加工环节	流通环节	销售环节	进出口环节
	生产	进出口	流通	产地环境	生产				
食品安全委员会	✓	✓	✓	✓	✓	✓	✓	✓	✓
SFDA	✓	✓	✓	✓	✓	✓	✓	✓	✓
公安部门	✓	✓	✓	✓	✓	✓	✓	✓	✓
农业部门	✓	✓			✓				✓
商务部门			✓				✓		✓
卫生部门							✓	✓	
工商部门	✓		✓						
质检部门	✓			✓		✓			
海关部门		✓							✓
环保部门	✓			✓		✓			

资料来源:根据2011年各政府部门相关职能整理。

具体到省、市、县以及乡镇,对生猪养殖户有直接监督管理职能的就只有农业部门的畜牧兽医局(站)、检验检疫局(所)等,而且其职能的发挥与当地财政支持水平和经济发展状况息息相关。具体影响养猪户生产养殖环节的政府规制措施包括饲料质量安全监管、兽药监管、动物防疫与卫生监管等方面。

一、饲料质量安全监管

以山东省为例,1990年省政府颁布《山东省饲料工业管理暂行办法》,使饲料工业在全国率先实现有法可依,接着省畜牧局组织起草了《山东省饲料和饲料添加剂管理办法》,制定下发了《山东省核换发生产许可证工作程序》《饲料企业生产条件审查程序》《行政审批事项受理登记制度》《会议集体审批制度》等工作程序以及《加强企业审查的规定》《加强饲料企业年度备案的规定》《山东省饲料及畜产品中"瘦肉精"等违禁药品事件应急预案》等文件规定。目前,山东省现有饲料执法人员500多人,设立饲料监督员,持证上岗,全面实现了饲料生产企业化验员、中控工、维修工等行业准入制。畜牧部门不断强化饲料的质量安全监管,开展饲料监督抽查、"瘦肉精""三聚氰胺""苏丹红"等专项整治工作,保障饲料质量安全。江苏省2011年制定并下发《关于进一步落实畜牧投入品安全监管责任的通知》,与规模养殖场签订《动物养殖场兽药饲料安全使用责任状》,明确兽药、饲料和饲料添加剂等农业投入品的监管要求。对饲料经营企业重点检查有无过期、变质的饲料和在饲料中违规添加违禁药物的行为,督促完善饲料经营及产品质量管理制度,并要求他们按照管理制度诚信经营。

二、兽药监管

政府部门对兽药的监管主要从兽药生产、经营和市场使用三个方面进行。首先,为了从源头上提高兽药产品质量,政府部门不断加大对生产企业的监管力度,尤其是对中小型兽药生产企业的日常监管,对违法违规企业进行处罚,并且对GMP飞行检查结果进行通报。对长期停产、对外承担代加工业务、不在GMP车间生产和2次以上故意制假等有严重违法行为的企业,报请农业部吊销其兽药生产许可证。对兽药经营和使用单位重点检查是否经营、使用或储存国家明令禁用的兽药、含有禁用药物成分的制剂产品及原材料药,认真做好对现有兽药经营企业的清理整顿工作,大力推行兽药经营企业实行GSP制度。截止到2010年10月,山东省通过GSP并发证的企业有1300多家。

为加强兽药产品质量监督检查,控制动物性产品中的兽药残留,保障动物用药安全,政府部门加大兽药残留抽检力度,检测项目包括从猪肉中检测喹乙醇代谢物与硝基呋喃类代谢物。江苏省还重点对养殖场(户)的养殖生产记录、防疫防病记录和投入品使用记录以及"一对一"监管和禁止性条款的落实情况进行检查,引导养殖场(户)建立产品质量安全制度和追溯体系,同时加强对"瘦肉精"的抽样检测。

各级政府部门以农业部第193号公告、第560号公告等公布的品种,以及标称防病、治病、促生长等用途但未经农业部批准使用的其他兽药、假劣兽药、改变配方、改变批准文号的兽药产品为清查重点,对兽药经营企业、动物诊疗机构及规模养殖场进行检查;将《兽药管理条例》《食品动物禁用的兽药及其化合物清单》印发张贴生产、经营和使用单位,不断进行宣传与指导;督促和指导养殖企业建立健全用药记录,引导养殖者建立用药档案,做到规范用药、科学用药。

三、动物防疫与卫生监管

各级政府制定了官方兽医监管制度,尤其对规模养殖场实行蹲点与全程监管,每周进行1~2次巡查,对有效防控重大动物疫病起到了重要作用。在检疫监督方面,建立起"以监促检,以检促免,免检监相结合"的检疫工作运行管理机制,落实了检疫工作考核和责任追究制,规范了检疫工作,落实了报检制度、到点到场检疫制度,基本实现了现场检疫、屠宰检疫、执法设备、执法人员"四到位",保证了产地检疫率和屠宰检疫率基本达到100%。一方面是本地养猪户供应的商品猪全部产地检验检疫;另一方面针对外来生猪产品严格检验检疫管理。

针对流通领域,不断强化上市畜禽及其产品的监督检查、监督管理,杜绝收购、贩卖、加工病死畜禽行为,对发现的问题畜禽及其产品,严格按照农业部"四不一处理"规定进行处理,保障了上市畜禽及其产品的卫生安全。加强道路、港口等动物防疫监督检查站建设和管理,有效杜绝了疫情的传入和传播。加强畜禽及产品的检疫、检验,严防不合格畜禽产品流向市场。加强对集贸市场的兽医监管,加大对收购、加工、贩卖病死畜禽违法犯罪活动的打击力度,确保畜禽产品安全入市。

【本章小结】

本章结合猪肉产业链及其猪肉产品消费特点与趋势,对四川、山东和江苏3个省份的生猪产业链组织以及政府规制措施等方面的信息与资料进行了梳理与分析,经研究发现:

第一,猪肉产业链条市场终端的需求特点决定了猪肉产业发展的方向与趋势。现在的消费者越来越注重猪肉品质,越来越多的猪肉企业瞄准了这一趋势,对猪肉以品牌专卖店的形式实施品牌化经营。品牌化经营的核心在于猪肉产品的品质保障,品质保障的关键在于产业链条各个环节的有效协作与严格的质量控制。

第二,生猪专业合作社等产业链组织创立模式依赖于当地经济发展环境与资源禀赋状况,各个地区积极创新产业链组织运行机制,增强其服务功能,主要表现为统一品种、统一饲料与兽药、统一培训、统一品牌销售等方面。这些统一服务功能的发挥对提高生猪质量安全水平起到了重要的作用,而不同产业链组织的服务功能有差异,它们对养猪户安全生产决策行为的影响情况需要进一步地实证检验。

第三,从政府规制情况看,猪肉产业链政府规制涉及饲料监管、兽药监管、防疫监管、品质检验等内容,具体有政府培训、违禁药物宣传、检验检疫、违规惩罚等方面的规制措施。参与生猪产业规制的部门繁多,分工协调有困难且容易出现监管漏洞,而且不同区域下,由于当地执法队伍以及执法经费的不同易导致规制效果的差异。

第四章 研究框架

为了解并揭示养猪户安全生产决策行为的内在机理,在进行实证分析之前,有必要对产业链组织、政府规制与养猪户安全生产决策行为的内在逻辑关系进行具体的讨论与分析。本章在前人研究和上一章的基础之上,梳理并探讨农户安全生产行为的理论机制,结合产业链管理、政府规制与计划行为理论等内容,分别构建养猪户安全生产决策行为理论模型,搭建本研究的分析框架,提出待检验的研究假说并进行具体变量的设置。

第一节 分析框架

一、产业链组织治理与养猪户安全生产决策行为

一般认为,可以通过对养殖户设计合理的激励机制、分担风险、补偿以及约束机制来保证畜禽养殖阶段的质量安全(Lawrence,Schroeder and Hayenga,2001;Hayenga,et al.,2000;Martin,1997;Hueth and Ligon, 1999;Goodhue,2000;Tsoulouhas and Vukina,2001)。也就是说,为了解决独立的农户和加工企业间信息不对称的问题,可以组建产业链,形成利益共同体(王凯,2002)并给农户较大的激励补偿(Levy and Vukina,2002)达到影响农户质量安全行为的目的。基于此,受到 Laffont and Tirole(1991, 1993),Duboisn and Vukina(2004),Yanguo Wang and Jaenicke(2006)等人以及王瑜(2008)的启发,本研究构建产业链组织与养猪户安全生产行为决策的理论模型,尝试寻找产业链组织影响农户质量安全行为的理论依据。

法国行为心理学家 Lewin 的预期价值论(expectancy valence theory)认为,人的行为可以概括为一个公式,即 $B = f(P, E)$。其中,B 表示人的行为,P 表示人,即行为主体,E 表示环境,也就是说,人的行为受其自身特征

和所处环境的共同影响。由此,加入某种产业链组织的养猪户,所面临的外部环境发生了变化,我们假设养猪户 n 所选择的产业链组织形式为 t,平均每头出栏生猪所获收入可表示为

$$V_{nt} = P_t(1 + m_{nt})Q_{nt} + \text{Max}[0, R(\upsilon\varphi)d_{nt}S_{nt}]$$

其中,V_{nt} 是指养殖户 n 在产业链组织形式 t 下每头猪出栏时平均所获得的收入,P_t 是指平均每头猪的收购价格,m_{nt} 代表平均每头猪高出市场价格的部分(加入某种产业链组织的养殖户在出售生猪的时候,由于所出售的猪肉品质稳定性与品牌维持的需要而有可能会以高出市场价格一部分的方式收购生猪,以激励养殖户的履约行为与安全生产行为),Q_{nt} 是指所售生猪的单重,R 是指养殖户在某种产业链组织下所获得的激励或补贴,υ 是指标准料肉比,φ 是指实际每头猪的料肉比,d_{nt} 为生猪成活率,S_{nt} 代表养殖户 n 的养殖规模。也就是说,养殖户在养殖过程中,生猪增长率和成活率越高,其奖励就会越高。养殖户在产业链组织环境中所受到的激励约束条件决定了其行为决策,其效用函数可以表示为 $U_{nt}[V_{nt} - C(e_{nt})]$,其中,$C(e_{nt})$ 是指养殖户 n 养殖过程中所付出努力程度的增函数。该效用函数的"曲率"[①]对产业链组织环境下的养殖户来说是一一对应的,其努力程度 e_{nt} 就可以表示养殖户个体特征变量与随机变量的函数:$e_{nt} = f(\lambda_{nt}, R, I_{nt}, \eta_{nt})$。其中,$e_{nt}$ 代表养殖户 n 在产业链组织形式 t 下养殖过程中的努力程度,λ_{nt} 为养殖户 n 的个体特征变量(如年龄、受教育程度、养殖年限等),R 为影响养殖户决策行为的产业链组织激励变量,I_{nt} 为影响养猪户决策的安全生产意向变量,μ_{nt} 为影响养殖户 n 在产业链组织形式 t 下养殖行为的其他随机变量,独立并服从 $(1, \sigma^2)$ 的正态分布。

至于产业链组织如何引起养猪户安全生产决策行为的变化,将通过图4.1来做简要的说明与讨论。首先假定养猪户所在的产业链组织对养猪户安全生产有稳定的激励,且养猪户具有同样的安全生产意向,接着将养猪户安全生产意向的前提假设放宽,探讨不同养猪户安全意向下的安全生产决策行为变动情况。

图4.1中,纵坐标表示为产业链组织服务功能发挥的程度即组织激励,

---

① Wang Yanguo, Jaenicke. Simulating the Impacts of Contract Supplies in Spot Market-Contract Market Equilibrium Setting, American Journal of Agricultural Economics, Volume 88, Number 4, November 2006;王瑜,2008. 垂直协作与农户质量控制行为:基于江苏省生猪行业的实证分析[D]. 南京:南京农业大学.

记为 Org，横坐标表示养猪户的安全生产决策行为，记为 $Safety$。假设 S_1 为斜率不变情况下养猪户的安全生产决策行为曲线，也就是说产业链组织服务功能越强或激励越大，养猪户生产决策行为越趋向于安全。如果有技术改进或管理水平提高，譬如养猪户饲养管理或质量安全控制技术有了改进，同样的产业链服务功能水平上，养猪户生产决策行为的安全程度可能会相对更高，即图中曲线 S_1 向右平移到曲线 S_2，OD 明显大于 OC。如果考虑到养猪户自身安全生产意向的影响，安全生产意向较强的养猪户，在外部产业链组织激励的交互影响下，养猪户安全生产决策行为曲线的斜率会更低，即由 S_1 变为 S_1''，也就是说同样的安全水平上，可能需要相对较少的产业链组织服务与激励，在图 4.1 中，显然 OQ 小于 OP；相反，安全生产意识较弱的养猪户，其行为曲线的斜率会变大，即由 S_1 变为 S_1''，同样的安全水平上，可能需要更多的产业链组织激励。

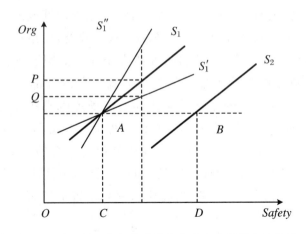

图 4.1　产业链组织与养猪户安全生产决策行为的关系

综合来看，产业链组织通过两个方面来引起养猪户安全生产决策行为的变动：一是通过引进新的安全技术，譬如新的运行机制、可追溯系统、推广标准化管理等引起养猪户安全生产决策行为曲线的整体右移，提高生猪的质量安全水平；二是通过与养猪户个体安全生产意向的交互作用共同影响养猪户的安全生产决策行为。这都需要构建模型做进一步的实证检验，详见第五章的内容。

二、政府规制与养猪户安全生产决策行为

有关食品安全的政府规制行为研究指出，政府规制的本质是通过政府

公共资源的配置,对市场这个"看不见"的手进行调节,以达到整体社会资源优化的目标,即政府运用公共权力,通过制定一定的规则,对个人和组织的行为进行限制与调控。就猪肉产品而言,其本身具有两个主要的特性:第一是由信息不对称带来的典型经验品与信任品特征。所谓经验品是指消费者要通过消费体验才能了解其质量状况,如猪肉的鲜嫩程度、口感、烹调特征等。信任品是无法通过感官与体验来确认其质量状况的,如激素、抗生素、营养成分含量及其比例等信息,消费者无法通过肉眼和短期的经验来了解其危害与健康信息。第二是猪肉产品市场的质量安全问题存在较强的外部性。所谓外部性,其实质就是企业或者个人向市场之外的其他人所强加的成本或者收益。外部性通常有两种情况,即正外部性和负外部性。正外部性也称为外部经济,当某一市场行为主体的经济活动使其他市场主体或社会成员受益,而该市场主体却又不能因此而得到补偿,那么这种行为所导致的外部影响就是"正的外部性"或"外部经济"。正外部性或外部经济的特征就是,市场行为主体所获得的私人收益小于社会收益,而市场行为主体所支出的私人成本高于社会成本,譬如品牌猪肉企业的品牌连锁经营模式与冷鲜肉制品的创新等给消费者带来的整体利益。负的外部性也称外部不经济,当某一市场行为主体的经济活动使其他市场主体或社会成员的利益受损,而又并不为此给予相应的赔偿,那么这种活动所导致的外部影响就是"负外部性"或"外部不经济"。负外部性或外部不经济的特征是,市场行为主体所获得的私人收益高于社会收益,而市场行为主体所支出的私人成本低于社会成本,譬如添加瘦肉精,提高瘦肉率和销售价格而带来的食品安全危机。

就食品安全的政府规制而言,其经济学定义是政府在食品经济领域的管理职能,主要包括对产品质量与安全、环境与卫生等方面做出明确规定的经济性与社会性规制。至于政府规制对生猪产品市场介入的理由,本研究通过图4.2与图4.3做简要的说明与讨论。首先假定生猪产品市场没有政府规制的外部约束,且养猪户与消费者对生猪产品的质量信息都比较了解,探讨质量安全较高与较低水平上生猪产品市场的均衡状况。

图4.2与图4.3中纵坐标表示价格,记为P;横坐标表示产量,记为Q;其中,S_M代表质量安全性较高的生猪产品市场上的供给曲线,D_M代表质量安全性较高的生猪产品市场上的需求曲线,S_N代表质量安全性较低的生猪产品市场上的供给曲线,D_N代表质量安全性较低的生猪产品市场上的需求曲线。假设图中价格单位相同,由于质量安全性较高的猪肉产品生产成本

相对较高,其价格也会相对较高,且只有高到可以带来更高的利润收益时,养猪户才有动力供应该产品,其均衡结果是质量安全性较高的生猪产品价格与数量分别为 P_M 和 Q_M,质量安全性较低的生猪产品价格与数量分别为 P_N 和 Q_N,其中 P_M 大于 P_N。

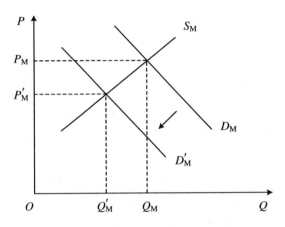

图 4.2　质量安全性较高的生猪产品市场

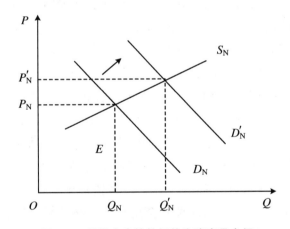

图 4.3　质量安全性较低的生猪产品市场

由于食品质量安全的外部性以及消费者与生产者之间的信息不对称,在面临安全性不同的生猪产品时,消费者了解到市场上出售的生猪产品都低于其质量预期时,他们所愿意接受的价格预期也会随之下降,质量安全性较高的市场需求曲线会由 D_M 向下移动到 D'_M。而由于成本的约束,质量安全性较高的生猪产品供应者不愿意调整期供给曲线,于是有了新的均衡点,即 D'_M 与 S_M 的交点,此时的市场均衡价格和数量分别为 P'_M(小于 P_M)与 Q'_M(小于 Q_M),显然它们都小于原均衡价格与数量,也就是说质量安全性较高的生猪产品市场份额会相对下降。而对于质量安全性较低的生猪产品市场而言,借助于统一市场带来的外部性,其实际需求曲线由 D_N 向上移动到 D'_N,此时质量安全性较低的生猪产品市场均衡处于 D'_N 与 S_N 的交点,此时的市场均衡价格和数量分别为 P'_N(大于 P_N)与 Q'_N(大于 Q_N),显然它们都大于原均衡价格与数量,也就是说质量安全性相对较低的生猪产品市场份额提高。由此可见,市场机制不能使得优质产品得到优价的补偿而导致生猪产品生产者与消费者的逆向选择,质量安全性较低的生猪产品驱逐优质产品,即形成了"柠檬市场",结果是猪肉质量安全问题无法得到提升与改进。因此,食品安全的外部性与信息不对称属性就要求政府部门的公共投资与介入,通过政府规制来保障食品安全市场秩序与消费者的利益和健康。

已有研究指出,通过产品认证、安全标识、市场准入、检查监测等信息显示方法来揭示质量安全信息,减少信息不对称和提供行为激励(周德翼、杨海娟,2002;周洁红、黄祖辉,2003)。作为正式的制度安排,政府规制不仅对经济活动有强制性的规制作用,而且在一定程度上会影响农户的决策目标,从而改变农户生产的行为。王瑜(2008)在研究生猪质量控制行为时,用对相关法律法规的认知程度来衡量外部政府规制的影响。本书涉及的政府规制是政府有关食品质量安全方面的具体规制措施,即政府通过对公共服务规定标准质量,结合价格管制、进入管制等手段,促使特定产业主体改进服务质量,从而增进公共利益的内容。本书关注的是不同地区政府规制措施的执行情况对养猪户安全生产决策影响的差异,政府规制的界定主要侧重于有关猪肉质量安全具体规制措施的操作层面,涉及违禁药物检查与宣传、防疫规制、检验检疫以及违规惩罚等方面的执行情况等。

政府规制水平越高或约束力度越大,养猪户生产决策行为可能越趋向于安全。如果考虑到养猪户自身安全生产意向的影响,安全生产意向较强的养猪户,在外部政府规制约束的交互影响下,同样的安全水平上,可能需要相对较少的政府规制与约束;相反,安全生产意识较弱的养猪户,同样的安全水平上,可能需要更多的政府规制与约束。综合来看,政府规制通过两个方面来引起养猪户安全生产决策行为的变动,一是通过引进新的安全技术,譬如新的检验检疫技术、可追溯系统、推广标准化管理等引起养猪户安全生产决策行为曲线的整体右移,提高生猪质量安全水平;二是通过与养猪户个体安全生产意向的交互作用共同影响养猪户安全生产决策行为。这都需要构建模型做进一步的实证检验,详见第六章的内容。

三、产业链组织、政府规制与养猪户安全生产心理决策机制

前面的理论分析中都谈到养猪户自身心理因素对其安全生产行为影响的重要作用,现在在计划行为理论分析框架的基础上,讨论产业链组织、政府规制等外部治理变量对养猪户安全生产心理决策的影响机制及其逻辑关系。

计划行为理论认为(Ajzen,1991),行为意向是影响行为最直接的因素,行为意向受个体的行为态度、主观规范和知觉行为控制的影响。行为意向是个体行动之前的思想倾向和行动动机,反映了个人对于某一特定行为的执行意愿。个体的行为意向越强,采取行动的可能性越大。行为态度是指个体执行某项行为时积极或消极的感受,由个体对执行某项行为产生结果的信念和结果的评价决定。主观规范是指个体感知到的对自己重要的人或组织对其是否执行某项行为的压力,由规范信念和对信念的遵从程度共同决定。行为控制是指个体感知到的执行某种行为的难易程度,反映了个体对促进或阻碍执行某种行为的各种因素的知觉。行为控制认知对行为意向起着强化或削弱的作用,如果人们认为执行某种行为阻碍较大,即使态度积极,能够得到周围环境以及重要人物的支持,人们也不会有强烈的行为意向(Ajzen,1986)。因此,行为控制认知不仅影响行为意向,同时还可能直接影响行为(Notani,1998)。该理论的基本理论关系如图4.4所示。

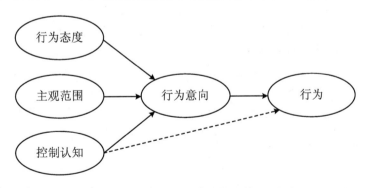

图 4.4 计划行为理论模型

本章节研究关注的是产业链组织与政府规制环境下养猪户安全生产行为的心理决策机制。国内学者周洁红(2006)根据该理论构建了蔬菜质量控

制行为模型[①]并对菜农做了实证检验;王瑜(2008)也运用计划行为理论构建了养猪户质量控制决策行为理论模型,探讨了农户质量安全行为的态度、行为目标以及认知行为控制对其质量控制行为的影响,但对其心理决策机制的探讨还有待进一步深入。

由此,根据计划行为理论和已有的相关研究来看,养猪户安全生产决策行为会受到其行为意向因素的影响,其行为意向是养猪户个体在行动之前的思想倾向和行为动机,反映了其对于某安全生产行为的执行意愿,也就是说养猪户的心理因素为其提供了有关经济活动可能的倾向性,并在很大程度上决定其行为决策的方向。通过调研访谈和对行为经济理论的梳理得知,养猪户行为意向因素又与养猪户的行为目标、对安全生产行为的认知以及所处的环境因素有关。养猪户的经营目标是多元化的,不仅仅是收入最大化,还注重养殖信誉、良心安稳与示范责任等方面的动机与目标[②]。该目标与动机左右着养猪户的行为认知与意向,同时随着安全生产认知的加深,其经营目标也会做出适当的调整,即行为认知影响着经营目标的确立与实现,养猪户安全生产目标、认知通过影响安全生产意向进而影响其安全生产行为。养猪户安全生产目标与生产认知也可能直接对其安全生产行为产生影响。不同外部治理环境下的养猪户会有不同的心理决策过程,产业链组织治理与政府规制治理对养猪户安全生产心理决策机制的影响以及养猪户个体特征对其自身安全生产心理决策的作用路径如图4.5所示。

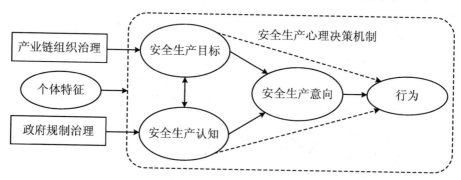

图4.5 产业链组织、政府规制与养猪户安全生产心理决策机制的理论模型

该理论模型与以往研究的不同之处在于:第一,根据对养猪户重点访谈

---

① 周洁红,2006.农户蔬菜质量安全控制行为及其影响因素分析:基于浙江省396户菜农的实证分析[J].中国农村经济(11).

② 资料来源:本研究调查小组的2011年实地调研访谈。

所获取的信息,构建了针对养猪户安全生产心理决策机制的理论模型,能够更好地模拟养猪户的心理决策过程,这是对以往计划行为理论应用与研究的进一步完善;第二,将养猪户置身于不同的外部治理环境,并在前面两章研究内容的基础上,将产业链组织、政府规制变量与养猪户安全生产决策行为纳入同一个模型,探讨外部治理环境对养猪户自身心理决策机制的影响路径与方向,是对研究目标与内容的进一步印证与完善,详见第七章的内容。

第二节 变量的设置与具体假说的提出

一、生猪养殖户安全生产决策行为

生猪养殖户安全生产决策行为作为被解释变量,其合理设置直接关系到本研究的科学性。对农户安全生产行为的考量,不同研究者使用了不同的指标。胡定寰、陈志刚等(2006)在考察农户生产的苹果是否安全时,用农户使用的农药是无公害农药还是剧毒农药来界定农户生产的农产品是否安全,以离散变量的形式来衡量农户的质量安全行为。吴秀敏(2006)以安全兽药(无公害兽药和绿色兽药)使用与否的指标来衡量养猪户的质量控制行为。王瑜(2008)在单一指标是否使用药物添加剂的基础上,同时使用了单位生猪日均食用添加剂数量来衡量养殖户的质量控制行为。本书认为单一指标往往只能反映农户安全生产行为的某一个部分,采用多指标共同反映则更为科学和全面。当然,由于评价的主观性限制,也只能在已有的理论和实践基础上尽力模拟农户的生产决策行为。

根据已有的文献和生猪养殖过程,养殖户安全生产决策行为的测量变量主要涉及药物添加剂使用行为,具体包括违禁药物使用次数、安全兽药是否超量使用、是否严格执行休药期以及防疫行为等四个方面,其中违禁药物主要参照农业部《食品动物禁用的兽药及其他化合物清单(2002)(农业部公告第193号)》规定的禁用兽药目录和《中华人民共和国兽药管理条例(2004)》规定的"使用兽药应当遵守国家有关兽药合理使用的规定,按照规定的用药剂量、用药次数、用药方法和安全间隔期使用,防治污染农副产品";安全兽药使用行为测量主要参照《NY 5030—2006 无公害食品畜禽饲养兽药使用准则》的有关规定;兽药休药期指标主要参考《兽药国家标准和部分品种的停药期规定(2003)(农业部公告第 278 号)》的相关规定内容。具体如表 4.1 所示,包括禁用药物添加剂的使用次数、是否超量使用低毒或安全兽药、防疫用药是否超量、是否严格执行休药期等方面。

表 4.1　被解释变量(Yi)的说明

被解释变量(总得分为 11 分)	变量定义
禁用药物添加剂使用的次数(Y_1)	未使用 = 5;每使用一次扣 1 份,最低分 = 0
是否超量使用低毒或安全兽药(Y_2)	不超量 = 3;超量 1 倍以内 = 2;超量 1~2 倍 = 1;2 倍以上 = 0
防疫用药是否超量(Y_3)	不超量 = 3;超量 1 倍以内 = 2;超量 1~2 倍 = 1;2 倍以上 = 0
是否严格执行休药期(Y_4)	严格执行 = 3;大多数执行 = 2;偶尔执行 = 1;从不执行 = 0

（一）禁用药物添加剂的使用次数

疫病防治是生猪养殖过程中的重要环节,如果管理不力,可能导致重大损失。近几年来,由于养殖方式的粗放和病虫抗药性的增强,生猪疫情比较严重,尤其是夏季猪瘟、蓝耳病、高热病叠发,使得兽药使用的机会越来越多。一方面,由于养殖户对经验的依赖与信息的短缺,传统兽药尤其是已经被禁止使用的兽药依然是他们的选择;另一方面,由于被追溯的成本过高,而卖相好导致的卖价高,使得部分养殖户冒着道德与法律的风险使用违禁药物,如盐酸克伦特罗等。违禁药物使用得越少,其养殖行为就越安全。

（二）是否超量使用低毒或安全兽药以及防疫用药

兽药说明书上都明确说明了兽药的施用剂量以及水或料与药的配置比例,如果不严格按说明书要求去做,超量使用,即使是低毒或安全兽药也会引起药物残留超标,导致不安全猪肉的产生。同样,在生猪防疫的过程中,由于疫情风险越来越严重,防疫所用的药物如果超量使用,也可能会导致药物残留超标。因此,我们把兽药的使用剂量作为衡量养猪户安全行为的一个标准。

（三）是否严格执行安全休药期

低毒或安全兽药不仅有使用量的具体规定，还有对间隔休药期的明确规定。如恩诺沙星的安全间隔期为 10 天，氟苯尼考的安全休药间隔期为 30 天，盐酸土霉素的安全间隔期为 26 天（农业部，2006）。只有严格按照规定的安全休药期才能让猪自身的酶蛋白有充分的时间进行自然分解，使得猪肉兽药残留不超标，人食用后不会中毒。但在调研中发现很多养猪户不了解也不关注兽药间隔期，甚至知道兽药休药期也不严格执行，一般都是根据市场行情很快上市，将生猪售出。因此，是否严格执行兽药安全休药期是衡量农户安全生产决策行为的一个重要指标。

为避免多因变量指标导致多方程可能带来的回归结果不一致，而导致产生逻辑上的谬误，本书借鉴 Beedell 和 Rehman（1999，2000）以及赵建欣（2008）的研究，将养猪户对每一个问题的回答得分相加得到一个指标，得分范围是 0~14 分。显然，得分越高，养猪户越倾向于安全生产决策，生猪质量安全水平就越高。

二、产业链组织治理

一般而言，养猪户生产决策主要受制于产业链组织治理环境和政府规制环境，研究农户安全生产决策需从这两个方面进行。产业链组织的治理介入使得养猪户在某种程度上改变了其自身的资源禀赋，而且其服务功能的不同也会导致不同的生产经营行为，从产业链实施的操作层面看，产业链组织治理功能主要表现在是否引进或自繁新品种、是否统一饲料与兽药、是否统一品牌或商标销售以及价格满意度等方面。具体而言，产业链组织指标包括是否引进或自繁新品种、是否统一饲料与兽药、是否统一品牌或商标销售以及价格满意度等方面的评价，如表 4.2 所示。

表 4.2　产业链组织治理特征指标（O_i）的说明

解释变量	变量定义
引进或自繁新品种（O_1）	否＝0；是＝1
技术培训次数（O_2）	没有＝0；1 次＝1，依次类推
统一品牌或商标销售（O_3）	否＝0；是＝1
统一提供饲料（O_4）	非常不满意＝1；不满意＝2；一般＝3；满意＝4；非常满意＝5

续表

解释变量	变量定义
统一提供兽药(O_5)	非常不满意=1;不满意=2;一般=3;满意=4;非常满意=5
统一防疫(O_6)	非常不满意=1;不满意=2;一般=3;满意=4;非常满意=5

(一)引进或自繁新品种

生猪品种是决定其价格水平的重要方面,品种优良的生猪生长得比较快,且瘦肉率比较高,体型较好,其销路比较好,价格水平相对较高。一般新的生猪品种都要求比较高的养殖技术,有引进或自繁新品种的产业链组织,为了推广其品种和保证品种质量的稳定性,有对产业链组织成员进行技术培训指导和实施质量控制与监管行为的可能性。由此提出如下假说:

HO_1:引进或自繁新品种的产业链组织对养猪户安全生产可能有正向影响。

(二)技术培训次数

生猪养殖越来越依赖于先进的技术与管理经验,产业链组织由于品种推广或服务的职责以及推行标准化管理的需要而有提供的技术培训的积极性,生猪养殖户所接受的技术培训次数越多,意味着他们所掌握和接触的信息就越多,在药物使用规范方面可能会有积极的影响。由此提出如下假说:

HO_2:产业链组织治理中的技术培训次数对养猪户安全生产可能有正向影响。

(三)统一销售与价格满意度

统一销售为养猪户解决了市场风险,但如果收购价格低于市场价格,或者说产业链组织所提供的价格不能让养猪户满意,则有可能导致履约率的下降,而有损猪肉产品供应的稳定性。有统一品牌销售或统一商标销售的产业链组织,为品牌推广与市场维持而有采取措施保障养猪户安全生产的激励,同样,生猪养殖户对统一销售的满意度越高,就越倾向于维持满意关系,从而有控制质量安全行为的动机与可能性。由此提出如下假说:

HO_3:统一品牌或商标销售的产业链组织对养猪户安全生产可能有正向影响。

（四）统一兽药或饲料

统一提供饲料或兽药服务的产业链组织，为实施标准化管理与质量可追溯提供了可能性，为保障猪肉品质的特性与稳定性采取措施提高了养猪户安全生产的积极性。养猪户对统一兽药或饲料的满意度越高，则说明养猪户对兽药的使用效果及其使用方法越熟悉，即养殖户生产行为越安全。提出假说如下：

HO_4：对所加入产业链组织的统一提供饲料满意度越高，养猪户可能越倾向于安全生产决策。

HO_5：对所加入产业链组织的统一提供兽药满意度越高，养猪户可能越倾向于安全生产决策。

（五）统一防疫

统一防疫可以有效避免疫情强烈的外部性带来的如高热病、蓝耳病及猪瘟等疾病的传染与蔓延，可以有效降低养殖风险，并因此减少牲畜用药的机会，从而使得高养猪户的质量安全水平有了提高或不被降低的可能，也就是说养猪户对统一防疫的受用度、满意度越高，其安全生产决策的倾向就越明显。由此提出假说如下：

HO_6：对所加入产业链组织的统一防疫满意度越高，养猪户可能越倾向于安全生产决策。

值得说明的是：具体变量的赋值，需结合生产实际，对于在一个村镇上参加了同一个合作社或协会等产业链组织的养猪户，对该组织特征及服务功能评价应该是一致的，在此取其平均得分来代表。

三、政府规制

一般来说，政府规制包括两个层面：法律层面和具体的操作层面。法律法规作为正式的制度安排对人类经济活动有强制性的规制作用。有关农产品质量安全的法律法规一旦颁布，在一定程度上会影响农户的决策目标，从而影响农户行为。《食品安全法》《农产品质量安全法》《国务院关于进一步加强食品工作安全的决定》和一些地方法规的颁布，理论上应该能够约束农户的行为，使其在政策规定的框架下进行生产。本书研究的重点是：在实践操作层面上政府规制水平如何，能否起到其应有的作用取决于当地政府的实际执行情况，而实际操作情况又直接影响养猪户的生产经营行为。据此，政府规制水平主要表现在违禁药物添加剂宣传次数、防疫规制强度、检验检疫力度、违规惩罚力度等方面,详见表4.3。

表4.3 政府规制指标的说明

解释变量	变量定义
违禁药物监督检查次数	没有=0;1次=1,依次类推
防疫规制水平	很低=1;低=2;一般=3;高=4;很高=5
检验检疫力度	很小=1;小=2;一般=3;大=4;很大=5
违规惩罚力度	很小=1;小=2;一般=3;大=4;很大=5

(一)违禁药物添加剂监督检查次数

当地政府部门对违禁药物的宣传与监督检查力度越大,农户了解的信息越多,就越倾向于安全生产决策,从而供给安全猪肉;政府提供的安全生产的培训频率越高,进行安全指导的次数越多,农户越能够掌握安全生产技术。政府宣传与监督检查可以提高农户对质量安全的认识,安全生产培训和指导可以提高农户安全生产的技能。由此提出假说如下:

HG_1:当地政府有关违禁药物添加剂监督检查次数越多,养猪户可能越倾向于安全生产决策。

(二)防疫规制水平

生猪防疫具有典型的外部性,政府部门针对流行范围广且传染性强的蓝耳病、猪瘟等实施免费免疫,同时对防疫知识进行技术培训,从调研情况看,当地畜牧部门有关防疫工作抓得越紧,养猪户对防疫的认识和防疫水平就越高,防疫过程中超量用药的行为就越少,防疫行为就越科学。由此提出如下假说:

HG_2:当地政府有关防疫规制的水平越高,养猪户可能越倾向于安全生产决策。

(三)检验检疫力度

生猪检验检疫是基层畜牧部门的重要职责,所抽检的项目主要是瘦肉精、重金属残留等。可以看出,检验检疫力度越大,养猪户违禁药物添加的可能性就越小,当然检验检疫是需要花费成本的,各地由于财政支出的额度

不同而导致检验检疫力度存有差异,具体需要实证检验。由此提出如下假说:

HG_3:当地政府有关检验检疫力度越强,养猪户可能越倾向于安全生产决策。

(四) 违规惩罚力度

国家《食品安全法》对食品生产违规行为进行了明确的界定,最高可判至死刑。在可追溯条件下,生猪生产违规惩罚力度越强,养猪户就会越倾向于安全生产。由此提出如下假说:

HG_4:当地政府有关违规惩罚力度越强,养猪户可能越倾向于安全生产决策。

同样需要说明的是,同一个乡镇辖区内的养猪户对当地政府规制水平的评价得分应该是一致的,但由于养猪户本身获取信息或感知信息的差异,此处取同一乡镇辖区内养猪户评价得分的平均数来代表。

四、养猪户心理因素

根据计划行为理论,农户决策行为会受到农户心理因素的影响。养猪户的心理因素为其提供了有关经济活动可能的倾向性,并在很大程度上决定其行为决策的方向。这些心理因素主要包括农户的行为目标,对安全生产行为的认知以及行为意向。

(一) 养猪户安全生产行为目标

农户经营行为目标是多元的(Anosike and Coughenou,1990;Turvey,1991;Wise and Brannen,1983;Patrick,Blake and Whitaker,1983),盈利并不仅仅是其唯一目标。Bergevoet,Ondersteijn 和 Saatkamp,et al.(2004)对荷兰牛奶场农户的行为研究表明,农户的行为主要受追求规模扩大、额外资源收入以及非农收入这三个目标的影响。韩耀(1995)认为,农户作为农业生产的组织形式,具有追求收入和利润最大化的动机,同时还有许多非经济目标,如生活的安定与保障、家庭的荣誉与地位等。基于此并结合调查访谈,养猪户的心理目标除了获得更多收入以外,还包含让自己良心安稳、赢得尊重等方面。

(二) 养猪户安全生产行为的认知

养猪户对其安全生产行为的认知,主要涉及具体生产经营过程中有关质量安全的操作管理行为,包括对违禁药物的认知状况、休药期的认知状况、严格防疫的认知状况等。

(三) 养猪户安全生产行为意向

计划行为理论认为,个体的行为意向由行为态度、主观规范和行为控制认知综合决定,个体的行为态度越积极、主观规范的约束力越大、感知到的行为控制力越强,则执行某种行为的意向越强烈,而这种意向越强烈,则越有可能最终执行某种行为。养猪户安全生产行为意向主要涉及其质量安全态度、意愿与能力。在安全生产的心理决策中,该意向受哪些因素的影响以及具体的路径都值得进一步实证探讨。该部分变量的设置与假说的提出详见第七章的内容,此处仅就养猪户安全生产行为意向提出以下假说:

HI_{nt}:养猪户安全生产行为意向可能影响其安全生产决策行为。

五、养猪户个体特征

养猪户自身特征变量主要包括可能影响其安全生产决策的个人特征以及家庭特征,如性别、年龄、受教育程度、养殖经验、养猪收入占总收入的比重、养殖规模等方面,具体如表4.4所示。

表4.4 养猪户个人特征指标的说明(X_i)

解释变量	变量定义
年龄(X_1)	44岁以下=1;45～50岁=2;51～60岁=3;60岁以上=4
受教育程度(X_2)	小学及以下=0;初中=1;高中或中专或技校=2;大专及以上=3
养殖年数(X_3)	10年及以下=1;11～15年=2;16～30年=3;30年以上=4
养猪收入占总收入的比重(X_4)	10%=1;11%～40%=2;41%～60%=3;61%～80%=4;81%以上=5
养殖规模(X_5)	40头以下=1;40～200头=2;200～1000头=3;1000头以上=4

（一）年龄与受教育程度

养猪户自身禀赋不仅决定了其行为动机，还对行为的具体表现形式有重要影响。一般而言，女性养猪户倾向于保守型的用药行为，年龄越大所积累的经验越多，养殖技术可能越好，用药行为越接近于科学，受教育程度越高，掌握的知识越丰富，对兽药的认知越到位，其用药行为可能越规范。由此提出如下假说：

HX_1：养猪户年龄、受教育程度可能影响其安全生产决策行为。

（二）养殖年数与养殖规模

养殖年数越多，对生猪养殖的认识越深，积累的养殖经验越丰富；养殖规模越大，其所承担的风险越高，同时由于被追溯的可能性提高而导致其有科学用药的积极性。养殖规模与养殖年数对养猪户安全生产决策行为的影响以及对其心理决策的调节作用都值得进一步探讨。由此提出如下假说：

HX_2：养猪户养殖年数可能影响其安全生产决策行为。

HX_3：养猪户养殖规模越大，可能越倾向于安全生产决策。

（三）养猪收入占总收入的比重

养猪收入是生猪养殖户的最终追求，养猪收入占其总收入的比重越高，说明该养殖户的投入越集中，对养猪的重视以及认知程度越高，也更有积极性来学习养殖技术，提高防疫能力，从而提高其安全生产水平。由此提出如下假说：

HX_4：养猪户养猪收入占总收入比重越高，可能越倾向于安全生产决策。

【本章小结】

本章在前文基本假定与研究背景的基础上，分别讨论并分析了产业链组织、政府规制与养猪户安全生产决策行为的逻辑理论关系，深入探讨了产业链组织、政府规制对养猪安全生产心理决策机制的影响路径与具体方向，而且据此进行了相关变量的设置与具体假说的提出，这都为下一步的具体实证分析做了铺垫。通过本章的分析与讨论，可以得出以下基本结论：

第一，养猪户所在产业链组织的服务与激励对养猪户安全生产决策行为有重要影响，而且产业链组织变量与养猪户安全生产意向可能存在交互作用，并对其安全生产决策行为产生影响。

第二，养猪户所受到的政府规制约束是其安全生产决策行为的重要影响因素，而且政府规制变量与养猪户安全生产意向可能存在交互作用并对其安全生产决策行为产生影响。

第三，养猪户个体特征尤其是心理因素对其安全生产决策行为有重要的调节作用，不同养猪户所处的外部治理环境不同，其心理决策机制的表现及其影响因素也不同。养猪户安全生产目标、认知与意向在产业链组织治理与政府规制治理变量的影响下，共同作用于养猪户安全生产心理决策。

由此，本书将在下面的章节中分别予以实证检验与具体讨论。

第五章 产业链组织治理与养猪户质量安全行为的实证分析

在第三章研究背景中,在有关产业链组织治理状况介绍和第四章产业链组织与养猪户安全生产决策行为分析框架的基础上,本章将对产业链组织治理与养猪户治理安全行为进行实证分析。基于四川、山东和江苏3省798个养猪户的样本数据,分析产业链组织对养猪户质量安全行为的影响作用,首先对样本进行描述性统计分析,然后将产业链组织变量与养猪户安全生产意向的交互项因素分两步纳入回归模型,实证分析养猪户质量安全行为,并对回归结果进行解释与分析。

第一节 描述性统计分析

本研究从四川、江苏、山东3个省区共获取20个县(区)39个乡镇97个合作社798个养猪户的样本数据,下面对样本的基本特征进行统计分析,以了解样本分布、组成及其变量特征的基本情况。

一、产业链组织服务功能情况

自《中华人民共和国农民专业合作社法》从2007年7月1日正式施行以来,养猪合作社迅速发展。本研究所调研的养猪合作社94%都是该法正式施行以后成立的,只有6家是2007年7月1日之前成立的。从合作社性质看,全部都是工商注册。其中,89%是股份制,即有86家合作社是成员入股,按股分红;7%是集体所有;还有4%是个体性质,由能人大户创立并负责合作社的经营。从合作社创立形式看,61家为大户或能人带动成立的,占调研样本的55%,由当地养殖大户牵头,养猪户自愿组建养殖专业合作社,统一进料,统一销售,按照合作社章程民主管理合作社事务,提高了与猪肉产业链条上下游的谈判议价能力。这种模式的合作社领导人创业意识和事业心强,更愿意为合作社的发展奉献力量,所以合作社生命力强,而且将来这种模式也会是主要的合作社创立模式。另外,有19家合作社是由当地有影响力的龙头企业直接牵头组建的合作社。在这种合作社模式下,企业为了稳定猪肉供应市场,与合作社签订收购合同,或者统一饲料、统一猪种,将有资质的农户转化为产业工人,以代养的方式为合作社养殖生猪。另外还有12家是由供销社、畜牧兽医站等中介组织牵头,有13家由当地村委会推动成立的,如图5.1所示。

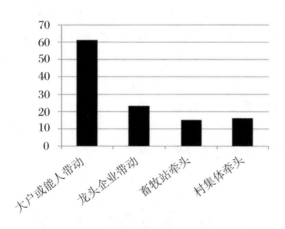

图 5.1　养猪专业合作社创立形式情况图

资料来源:作者根据2011年实地调查数据整理。

从合作社注册资金来看,97家合作社中75%的注册资金少于50万元(图5.2),注册资金本质上反映的是合作社作为法人实际拥有的财产数额,证明其承担风险的能力;注册资金在100万元以上的有11家。虽然合作社创立之初的基础比较薄弱,但近几年来合作社的发展随着猪肉行业的发展以及政府支持力度的加大而表现出良好的态势。就所调研的合作社来看,有61家合作社为"示范"合作社或"五好"①合作社,占比近55%,示范合作社意味着合作社良好的服务水平和发展潜力,其服务功能发挥得越好,养猪户就越受益。

---

① 江苏省农委对"五好"合作社的界定是"服务成员好""经营效益好""利益分配好""民主管理好""示范带动好"。

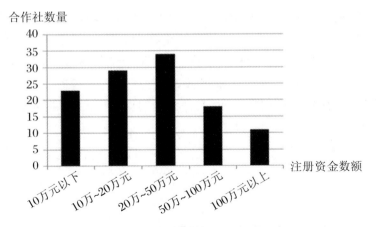

图 5.2 合作社注册资金情况

养猪专业合作社的服务功能主要集中表现在统一标准化管理与服务方面,具体而言有引进或自繁新品种、技术培训、统一销售、统一饲料、统一防疫与兽药等方面,具体描述统计分析如表 5.1 所示。

表 5.1 产业链组织服务功能评价变量的描述性统计

变量	单位或说明	均值	标准差	最大值	最小值
引进或自繁新品种	1=是;0=否	0.214	0.494	1	0
技术培训	次数(2010年)	4.354	2.153	10	4
统一销售满意度	①	2.023	1.244	4	0
统一商标或品牌	1=是;0=否	0.312	0.792	1	0
统一饲料	①	1.260	0.473	4	0
统一兽药	①	2.244	0.722	4	0
统一防疫	①	4.213	0.864	4	0

注:① 0=没有;1=不满意;2=一般;3=满意;4=非常满意。
资料来源:根据 2011 年实地调查数据整理。

(一) 引进或自繁新品种

被调查样本中,有 62.89% 的合作社统一品种或引进新品种,主要是瘦肉型的三元杂交猪。所谓"三元"杂交是由长白公猪配大白母猪获得杂交一代母猪后,再与杜洛克公猪相配而获得的"三元"杂交商品猪。但在养猪户的调研结果中,只有 51.2% 的农户饲养合作社引进的新品种猪,很大一部分养猪户习惯饲喂的是土三元猪或者称为内三元猪,即由国外引进品种与我国地方品种如长白猪、大白猪以及当地土猪杂交而成的新品种。外三元猪一般体型好,瘦肉率高,卖价相对较高,但由于养殖技术要求较高,尤其是人工授精技术不到位会导致产仔率很低,而土三元猪的瘦肉率相对一般土猪要高,抗病能力强,而且饲喂方便,产仔率高,具体如表5.2所示。

表5.2　不同品种猪的特性比较

	耐粗饲	抗病力	产仔率	肉质	饲养周期	饲料转化率	瘦肉率
土种猪	√	√	√	√	×	×	×
三元猪	×	×	×	×	√	√	√

注:"√"是指某品种猪具备该优势和特性;"×"是指某品种猪该优势和特性不明显。
资料来源:根据2011年实地调查与访谈整理。

总体来看,年出栏超过200头以及更多的养猪户饲喂新品种猪的比例相对较高,可能是因为饲养规模越大,其专业化水平相应较高,养猪户投入的时间与精力越多,并且愿意学习和掌握新的养殖饲喂技术来提高养殖水平与收益。但仍有相当一部分养猪户因日常农忙而更愿意粗放型地养殖生猪,而且其所在的合作社在技术服务方面也存在一定程度的短板。

(二)技术培训

技术培训是合作社章程中规定的重要职责之一,涉及的内容有防疫知识、乳猪饲喂技术、猪场管理、配药规范、常见病处理等。从合作社调研的情况看,每个季度至少组织1次即每年至少有4次集中培训,每次培训平均70人左右;从养猪户的调研情况看,每年参加技术培训平均为4.354次,培训的主要内容是养殖技术与市场信息,培训效果总体比较满意,而且从调研中了解到,培训的次数越来越多,多数是饲料和添加剂的推销人员,借合作社的平台进行培训与推广;也有政府部门组织的防疫技术公益讲座,主要针对流感类传染性强的热病等内容,但农户对技术培训的需求远未得到满足。从养猪户对技术培训内容的要求看,最需要的是疫病防治技术和市场信息,几乎所有的养猪户都有需求,具体如图5.3所示。

从图5.3中还可以看到,养猪户对用药知识培训和标准化管理技术的需求也比较迫切,比例达60%以上,45%的养猪户对人工授精技术有需求,部分养猪户对饲料品质检测技术、兽药真假识别等知识有需求,说明养猪户越来越重视养殖技术的改进与学习。

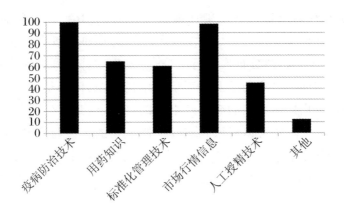

图 5.3 养猪户对技术培训的需求状况

（三）统一销售

调研样本中，只有53%的农户养殖的生猪是由合作社统一销售的，而且即使加入了合作社也并非全部都由合作社统一销售，还有将近一半的农户有时选择合作社销售，有时随行就市，通过经纪人实现生猪销售。从价格满意度看，平均值为2.023，这说明养殖户所加入的合作社差异比较大，对合作社统一销售价格比较满意的农户，饲养的是由合作社统一供应的新品种，技术服务到位，销售价格相对市场价格每千克要高0.6~1.2元，而没有饲喂统一品种的养猪户，合作社主要负责统一联系经纪人，价格一般都随行就市。养猪户育肥商品猪的销售渠道如表5.3所示。

表 5.3 养猪户育肥商品猪销售渠道情况

销售渠道	合作社统一销售	经纪人上门收购	合同销售	自己屠宰并销售	其他
所占比例	53%	78%	21%	3%	0

资料来源：根据2011年实地调查数据整理。

其中，经纪人上门收购中包括了一部分合作社统一销售与合同销售的养猪户，所以其比例相对较高，这也说明目前我国商品猪销售渠道中，经纪人也就是猪贩子仍然担任着重要角色，这对猪肉质量安全的有效追溯和监管并非有利。

（四）统一防疫、兽药或饲料

调研样本中发现，加入合作社的养猪户都被要求统一防疫，统一防疫的方式主要是在预防流行性和传染性强的高热病、蓝耳病以及猪瘟等时统一防疫药品。但由于统一合作社内的养猪户所饲养的生猪生长速度的差异,一般都是根据生猪日龄分批次进行防疫,防疫生猪都以耳标作为标记,耳标中记录了防疫时间、防疫药品及其剂量使用情况,具体都是养猪户各自独立防疫,主要是防止猪传染病的交叉产生新的疫情,这是由生猪养殖强烈的外部性决定的,统一防疫可以降低和有效控制疫情的扩散与蔓延,养猪户对此满意程度比较高,平均分是 4.213。养猪户的兽药使用一般是大病找当地或合作社的兽医与防疫员,小病自己打针用药,他们对兽药服务需求具体如表 5.4 所示。

表 5.4　养猪户对兽药服务的需求状况

兽药服务	用药知识培训	兽药产品和功能介绍	疫病预防知识	兽药真假识别	其他
所占比例	68%	57%	87%	26%	0

资料来源:根据 2011 年实地调查数据整理。

统一饲料方面,有 30% 左右的合作社统一提供饲料,其中主要是由企业牵头创立的合作社,因为统一饲料,合作社需要垫付相当一部分资金,养猪户一般卖猪后才能结算,如果周转资金不足,就很难做到统一饲料供应。合作社更多的做法是以合作社的名义与饲料供应商谈判。

二、养猪户质量安全行为变量的统计情况

根据养猪户质量安全行为评价的测量指标,我们统计了养猪户质量安全行为的得分以及各省份地区的得分情况,具体如表 5.5 所示。

表 5.5　养猪户质量安全行为指标的描述性统计

变量名称	变量定义	均值	标准差	最大值	最小值
禁用药物添加剂使用的次数	①	3.974	0.861	5	0
是否超量使用低毒或安全兽药	②	2.262	2.934	3	0
防疫用药是否超量	②	2.743	1.680	3	0
是否严格执行了休药期	③	2.531	0.723	3	0
安全生产决策行为总得分	以上得分加总	11.510	5.612	14	0

注:① 未使用 =5;每使用一次扣 1 分,最低分 =0。② 不超量 =3;超量 1 倍以内 =2;超量 1~2 倍 =1;2 倍以上 =0。③ 严格执行 =3;大多数执行 =2;偶尔执行 =1;从不执行 =0。

资料来源:根据 2011 年实地调查数据整理。

理论上,养猪户质量安全决策行为得分的分布范围在0~14分之间。从表5.5的统计结果看,养猪户的决策行为总得分的均值是11.51,说明养猪户的生猪质量安全水平不太理想。养猪户在生猪养殖过程中,有以下四种行为影响猪肉的质量安全:

第一,禁用兽药的使用行为。本研究用"禁用兽药使用次数"来衡量其使用行为,其平均得分是3.974分,而且标准差比较小,说明数据基本靠拢于平均数。所用的禁用药品主要集中在"雌二醇""安定"等,其中"雌二醇"是性激素催情药,主要用于母猪繁育;"安定"是精神类药,主要用于生猪情绪调理。一般消费者所担心的"瘦肉精"即"盐酸克伦特罗""沙丁胺醇""莱克多巴胺"等在药物调研中没有发现,可能的原因是双汇"瘦肉精事件"[①]的发生,使得养猪户对此敏感意识较强。

第二,低毒或安全兽药的使用行为。本研究使用"是否超量使用低毒或安全兽药"来测量该行为,从其平均得分看,有2.262分。调研中我们发现相当一部分养猪户担心低毒兽药的效果不到位,而倾向于在配比兽药时比标准剂量多放一点。

第三,防疫用药行为。防疫用药涉及两个方面,一是是否按时严格防疫,二是防疫用药是否超量。由于按时严格防疫可以大大降低生猪疫情的风险,而且在合作社的统一指导与政府部门的支持下,养猪户都会按时防疫,所以涉及猪肉质量安全的防疫行为就主要集中在用药是否超量上面。从表5.5中可以看出,其平均值为2.743,说明绝大部分养猪户在防疫时不会超量使用防疫用药,一方面防疫用药可能会导致生猪的不良反应,另一方面日常的防疫培训比较多。

第四,休药期执行行为。生猪在使用兽药之后,一般都要经历一段时间的休药期,使得所用兽药被猪自身的酶进行有效分解,否则会有兽药残留,影响消费者身体健康。本研究选取"是否严格执行"等指标来衡量养猪户休药期执行行为。

三、养猪户个体统计情况

养猪户个体统计变量主要针对负责养猪生产经营并进行决策的家庭成员,了解其性别、年龄、受教育程度以及养殖年数、养猪收入比重和养殖规模

---

① 2011年3月15日,河南双汇集团被中央电视台"3·15"节目爆出养猪户在生猪出售前使用"瘦肉精",引发"瘦肉精事件"。

等变量的基本情况,在实证模型中一般作为控制变量。具体的养猪户个体特征描述性统计如表 5.6 所示。

表 5.6 养猪户个体情况的描述统计

变量	变量定义	均值	标准差	最大值	最小值
年龄	岁	47.712	39.124	71	25
受教育程度	①	1.473	0.933	3	0
养殖年数	年(到 2010 年)	12.141	17.921	35	1
养猪收入占总收入的比重	②	4.345	0.970	5	1
养殖规模	③	2.143	2.693	4	1
安全生产决策行为意向	因子得分	4.370	0.921	5	1

注:① 受教育程度:小学及以下 = 0;初中 = 1;高中或中专或技校 = 2;大专及以上 = 3;② 收入比重:10% = 1;11%～40% = 2;41%～60% = 3;61%～80% = 4;81%以上 = 5;③ 养殖规模:40 头以下 = 1;40～200 头 = 2;200～1000 头 = 3;1000 头以上 = 4。

资料来源:根据 2011 年实地调查数据整理。

(1)年龄。调研结果发现,被调查样本的平均年龄是 47.7 岁,四川地区是 52.8 岁,山东地区是 47.6 岁,江苏地区是 47.2 岁。调研样本中,四川地区样本平均年龄偏大,原因可能是四川地区是传统的养猪大省,也是劳务输出大省,年轻人一般会选择外出务工,年龄偏大的人一般会留在或返回当地从事副业以增加家庭收入,而且其规模适中,所需的劳动强度不大;而山东和江苏地区的被调查对象从事养殖业较之于其他非农收入而言差不多,行情好时养猪可以获取更多的收入。

(2)受教育程度。在调查样本中,样本户主受教育程度主要集中在初中和高中文化水平上,其中,初中占 43.07%,高中占 24.16%,小学及以下占 20.12%,大专及其以上占 12.65%。从平均水平看,样本户主中四川受教育水平最低,多集中于初中及其以下,占比 65%;江苏受教育水平最高,初高中程度的养猪户占江苏样本户主的 73%,这与各地教育投入的力度是有关系的,基本符合现实情况。

(3)养殖年数与收入比重。调研所选取的对象中,62.73%的养猪户都有 10 年以上的养殖经验。近几年的养猪行情比较好,也有很多新进入养猪行业的年轻人,主要集中在江苏省和山东省。四川省的样本户主中养殖年限超过 20 年的也占有较大的比例,大约为 30%。四川地区劳动力资源丰富,气候等因素为生猪生长提供了适宜的环境,所以四川地区的养猪历史比较悠久。养猪收入所占家庭总收入的比重与养猪户年龄是相关的,一般年龄越大,养猪收入所占比重就越高。从调研结果看,有88.7%的养猪户收入主要依赖于养猪获得的收入,尤其是加入产业链合作组织的养猪户,在稳定生产与标准化经营管理方面更具有优势和动力。

(4)养殖规模。调研样本的养殖规模大多集中在年出栏200头左右,其中年出栏100～200头的有328户,占33.2%,年出栏200～1000头的占19.74%,年出栏50头及以下的占13.06%,年出栏1000头以上的占5.26%,具体如图5.4所示。不同养殖规模的养猪户的质量控制行为有差异(王瑜,2008),本研究关注的是加入产业链组织的养猪户在组织环境规制下的安全生产决策行为。从调研样本看,年出栏100头以下的养猪户占41.8%,年出栏100～200头的养猪户占33.2%,年出栏200头以上的占25%,其中,年出栏100头以下的养猪户分散程度相对较高,在受教育水平、养猪收入比重以及技术资源禀赋等方面与另外两组养猪户之间存在显著的差异,值得分类进行探讨,以进一步实证检验养猪户安全生产行为的决策机理。

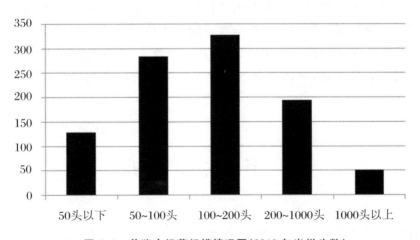

图5.4 养猪户经营规模情况图(2010年出栏头数)

(5)安全生产决策行为意向。由于决策行为意向是潜变量,而被解释变量是连续变量,不能直接进行回归分析。根据温忠麟和侯杰泰(2004)的观点,可以把几个项目合成一个因子,用因子得分做解释变量进行回归分析。本研究选择了3个测量指标用以综合反映养猪户安全生产决策的行为意向,如表5.7所示。

表 5.7 养猪户安全生产决策意向测量因子指标

潜变量	测量指标	抽样适合性检验值	巴特利球体检验/显著性	因子载荷值	克朗巴哈系数
安全生产决策意向（Int）	Int_1	0.774	728.312/0.000	0.827	0.895
	Int_2			0.878	
	Int_3			0.865	

注：Int_1：计划养殖质量安全的猪；Int_2：愿意克服困难养殖质量安全的猪；Int_3：现有条件能够养殖质量安全的猪。运用 Likert 五级量表测量，非常不同意＝1；不太同意＝2；不确定＝3；同意＝4；非常同意＝5。

经检验，其信度系数克朗巴哈系数为 0.895，具有良好的信度，可以综合反映养猪户的行为意向。养猪户行为意向因子分析的抽样适合性检验值为 0.774，大于 0.6，巴特利球体检验统计值为 728.312，显著性概率为 0.000（小于 0.01）都通过了巴特利球体卡方检验，说明变量间共同因素多，样本适合进行因子分析。对养猪户行为意向 3 个因子分析结果显示，它们的载荷系数均大于 0.5（分别为 0.827、0.878、0.865）。因此，可以通过因子分析将养猪户行为意向三个测量指标的分值进行标准化处理而产生一个单一的因子值，然后，将该因子值作为行为意向变量的样本值代入到回归模型中进行分析。根据表 5.6 中的样本值统计显示，其均值为 4.37，说明养猪户的安全行为意向总体表现较好，具体对其安全生产决策行为的影响还需要进行实证检验。

第二节 实证分析

在描述性统计分析的基础上，根据养猪户安全生产决策行为的函数形式，本研究采用多元回归分析方法，首先将影响养猪户安全生产行为的产业链组织等因素全部放入模型中进行回归分析，然后在此基础上，引入养猪户安全生产意向的交叉项变量进行回归分析与讨论。

一、计量模型的说明

基于第三章的研究背景和第四章有关产业链组织与养猪户安全生产决

策行为的理论模型和分析框架,本书将影响养猪户安全生产行为的产业链组织等因素分为三个方面:产业链组织功能、养猪户自身特征和养猪户安全生产行为意向,具体的函数形式如下:

$$Y_i = f(O_i, X_i, Int_i, u_i)$$

其中,Y_i 代表养猪户 i 的安全生产决策行为;O_i 代表养猪户 i 所接受的产业链组织服务功能;X_i 代表有关养猪户特征的控制变量;Int_i 代表养猪户 i 的安全生产意向;u_i 为随机扰动项。

采用多元回归模型,分两步考察产业链组织服务功能因素对养猪户安全生产决策行为的影响。第一步将所有因素代入方程,具体如下所示:

$$Y_i = \alpha + \sum_{i=1}^{n} \beta_i O_i + \eta X + \delta_i Int_i + u_i$$

其中,Y_i 代表养猪户 i 的安全生产决策行为;O_i 代表养猪户 i 所接受的产业链组织服务功能;X 代表有关养猪户特征的控制变量;Int_i 为养猪户 i 的安全生产意向;u_i 为养猪户安全生产意向的控制变量。

第二步,同时考虑养猪户自身安全生产意向对产业链组织的交叉影响时,相关因素对养猪户安全生产决策行为的影响方程如下所示:

$$Y_i = \alpha + \sum_{i=1}^{n} \beta_i O_i + \sum_{i=1}^{n} \lambda_i Int_i O_i + \eta X + u_i$$

其中,$Int_i Q_i$ 代表养猪户安全生产意向与产业链组织功能发挥的交互作用,λ_i 代表该交互作用对被解释变量 Y_i 的效应。

二、产业链组织治理对养猪户质量安全行为影响的模型估计

运用 SPSS 17.0 软件对 798 个有效样本数据进行线性回归处理,模型的 R^2 为 0.452,模型 F 统计量为 67.8862 且显著,说明模型估计结果较好,具体见表 5.8。

表 5.8 产业链组织对养猪户质量安全决策行为影响的模型回归估计结果

变量	系数	标准误差	T 值	Sig.
常数项	-2.572*	0.073226	12.872	0.000
引进或自繁新品种(O_1)	0.237***	0.045732	1.975	0.083
技术培训次数(O_2)	0.437*	0.032618	2.686	0.009
统一销售(O_3)	0.194***	0.022584	2.426	0.093
统一饲料(O_4)	0.143	0.002693	1.236	0.216

续表

变量	系数	标准误差	T 值	$Sig.$
统一兽药(O_5)	0.151	0.004326	0.985	0.186
统一防疫(O_6)	0.526**	0.013672	2.518	0.028
年龄(X_1)	0.186***	0.012517	1.968	0.089
受教育程度(X_2)	0.244	0.002869	1.874	0.246
养殖年数(X_3)	0.336**	0.021374	2.530	0.039
养猪收入占总收入的比重(X_4)	0.259***	0.022386	2.482	0.053
养殖规模(X_5)	0.325***	0.012974	2.425	0.081
质量安全决策行为意向(Int)	0.463*	0.012158	4.368	0.000
F 统计值	67.8862(0.000)			
R^2	0.452			

注：*、**、*** 表示的显著性水平分别为1%、5%与10%。

从表5.8中可以看出，产业链组织治理变量中的统一饲料与统一兽药变量没有通过检验，可能的原因是被调研的养猪户所享受的统一饲料与统一兽药的服务比例相对较低，还有可能是因为模型的设定忽略了某些影响养猪户安全生产决策行为的可能性条件，需要使用其他方法进行深入挖掘。与以往研究不同的是，养猪户个体特征中受教育程度变量并没有通过检验，说明该变量对养猪户安全生产行为并没有直接影响，可能的解释是从调研样本中看，养猪户的受教育程度主要集中在初中，同时也说明养猪户的受教育程度可能不是养猪户安全生产决策行为的直接影响因素，而是调节性的变量，需要以后做进一步的研究。

从模型的最终回归结果看，对养猪户质量安全决策行为有显著影响的变量共有9个，下面分别予以解释与讨论：

（1）引进或自繁新品种。在0.1的水平上显著，说明引进或自繁新品种的养猪合作社会使得养猪户更倾向于安全生产决策。在实地调查中发现，养猪户对新品种猪的需求比较旺盛，有引进或自繁新品种猪的产业链组织，为了猪种的推广与市场份额的争取，会提供优质猪种服务技术和进行质量保障措施的激励，同时还了解到，新品种猪的推广范围并非理想，譬如DLY三元杂交猪，虽然瘦肉率高，卖价好，合作社统一销售并统一服务，但是相对于土三元猪而言，受人工授精技术的限制，新品种猪的产仔率较低，而且饲喂过程中需要花费更多的精力，所以有很多养猪户对新品种猪的需求得不到有效满足,需要有相应饲养管理技术的支持。

(2) 技术培训次数。在 0.05 的水平上显著为正,说明养猪户所参加技术培训的次数越多,其养殖生产决策行为越接近于安全。由调研访谈得知,技术培训的主要内容集中在流行病防疫、标准化养殖管理等。养猪户参加的技术培训次数越多,其对疫病如高热病、猪瘟以及蓝耳病等方面的认识越到位;在防疫措施上所受到的指导越多,其用药越规范;在饲养管理方面,用药种类与剂量的记录越全面,其行为越接近于安全。

(3) 统一销售。从模型回归结果看,统一销售变量在 0.1 的水平上显著,说明养猪户对统一销售的满意度越高,其养殖生产行为越倾向于安全。可能的解释是以合作社的名义或注册品牌进行销售的猪肉产品价格相对于其他渠道高一些,同时合作社统一销售为养猪户节约了交易成本;而合作社在收购生猪时为维护其品牌信誉或合作社名誉而有动机采取措施对所采购的养猪户生猪进行检验检疫,并进行有效追溯,养猪户所受到的外部约束相对较强,而且有利益驱动其采用安全的养殖生产决策行为。

(4) 统一防疫。回归系数达到 0.738,且在 0.01 的水平上显著,说明养猪户对统一防疫的满意度越高,其养殖生产决策越倾向于安全。这是因为养猪户所在合作社提供的统一防疫服务大大降低了其单独防疫时的疫情风险,统一防疫的同时也伴随着用药知识以及疫苗使用技术方面的普及,可以增加养猪户科学防疫及其用药的知识,也可以强化其安全防疫意识,促使其养殖生产决策行为趋向于安全。

(5) 年龄。该变量在 0.1 的水平上显著,意味着年龄越大,养猪户生产决策越倾向于安全。可能的解释是养猪户年龄越大,风险态度越保守,再者养猪户所积累的经验越多,用药行为越接近于低危害性。本研究所调研养猪户的年龄大部分在 50 岁左右,而且养殖年数也都较长,所以该变量可以与养猪户养殖年数结合来讨论与分析。

(6) 养殖年数。从回归系数看,该变量在 0.05 的水平上显著,说明养猪户养殖年数越多,其安全生产决策行为越接近于安全。这可能是因为养猪户养殖年数越多,所积累的养殖经验越丰富,在养猪防疫与疾病诊疗方面更具有应对能力,所用兽药的品种以及剂量有可能会更加符合规范而达到更好的治疗与防疫效果;另一方面,养殖年数越多,有关养猪方面的专用性投资就越多,对生猪质量安全的认知越清楚,而且一旦生猪养殖质量安全出现问题会导致其违规成本较高,从而其养猪用药决策行为更接近于安全。

(7) 养猪收入占总收入的比重。该变量回归系数为正,且在 0.05 的水平上显著。说明养猪户对养猪收入的依赖性越强,其养殖决策行为越趋向于安全,可能的解释是养猪户收入越依赖于生猪养殖,其所投入的精力就会越多,有关生猪养殖过程中的防疫、管理与用药等方面的信息就会有动力主动学习,从而提高质量安全方面的认知水平。

(8)养殖规模。回归系数为正,通过0.1的显著性水平检验,说明养殖规模越大,养猪户生产决策行为越倾向于安全。可能的解释是养猪户规模越大,出于风险规避的考虑,其防疫意愿越高,而且在积极性防疫方面更有能力采取全面的防疫措施;再者,养殖规模越大,采用新品种或新的管理技术的可能性越大,因为这样更容易形成规模经济,从调研中可以看出,养殖规模大的养猪户采用标准化管理的比率高,对生猪质量安全的认知与控制越强,而且他们的安全养殖倾向也越明显。

(9)安全生产决策行为意向。从模型回归结果看,在0.01的水平上通过了检验,而且方向为正,说明养猪户安全生产决策行为意向越高,其养殖生产决策行为越安全。可能的解释是养猪户心理决策变量在其生产行为实施的影响中具有重要作用,而且该变量在养猪户所处的不同外部环境下可能会产生交叉影响,需要进一步予以验证。

三、引入交互项后的模型估计

一般而言,人的行为发生不是独立的,行为主体的心理活动与其所处的外部环境会有一定的内在联系,也就是说外部环境条件与人的心理意向变量可能会发生交互作用从而影响行为的发生。由上面分析得知,产业链组织引进或自繁新品种、技术培训次数、统一销售、统一防疫、养猪户年龄以及养殖年数、养猪收入占总收入的比重、养殖规模、安全生产决策行为意向等变量对养猪户安全生产决策行为都有直接正向影响。在此基础上本研究继续探讨养猪户安全生产决策行为意向与其他变量是否存在交互作用以及交互项对养猪户安全生产决策行为的影响程度,具体将上述解释变量与养猪户安全生产决策行为意向变量(Int)的交互项作为解释变量纳入模型中进行回归分析,以验证它们对养猪户决策行为产生的交互影响。

为了分析交互作用,可以使用两项乘积的回归模型(温忠麟,2003;侯杰泰,2004)。因此,模型中的交互项被定义为安全生产决策行为意向与外在变量的乘积,被解释变量与表5.5的解释相同,安全生产意向变量与表5.7中的解释相同。运用SPSS 17.0软件对样本数据进行回归处理,经过逐步回归剔除不显著变量后,模型的R^2为0.443,模型F统计值为66.4658且在

1%的水平上显著,具体结果见表5.9。

表5.9 引入交互项后的模型回归估计结果

变量	系数	标准误差	T值	Sig.
常数项	-2.855*	0.064724	15.538	0.000
引进或自繁新品种(O_1)	0.314***	0.040662	1.968	0.090
技术培训次数(O_2)	0.472*	0.031877	3.162	0.001
统一销售(O_3)	0.326**	0.026174	2.485	0.032
统一防疫(O_6)	0.658*	0.014628	3.726	0.001
养殖年数(X_3)	0.439*	0.011876	2.886	0.005
养猪收入占总收入的比重(X_4)	0.298**	0.010825	2.472	0.043
养殖规模(X_5)	0.536*	0.042516	2.869	0.005
$O_1 * Int$	0.058**	0.030731	2.485	0.032
$O_2 * Int$	0.096*	0.024862	4.692	0.000
$O_6 * Int$	0.174*	0.040568	3.258	0.001
$X_5 * Int$	0.088*	0.002286	4.648	0.000
F统计值	66.4658(0.000)			
R^2	0.443			

注:*、**、*** 表示的显著性水平分别为1%、5%与10%。

表5.9中,引入交叉项后,通过逐步回归剔除掉不显著的变量,至少在10%的显著性水平上通过检验的变量有技术培训次数、统一销售、统一防疫、防疫规制水平、检验检疫力度、养殖年数、养猪收入占总收入的比重、养殖规模等,并且养猪户安全生产决策行为意向与技术培训、统一防疫、防疫规制、检验检疫以及养殖规模等变量的交互作用显著。

(1)产业链组织统一引进或自繁新品种与养猪户安全生产行为意向的交互项在5%的水平上显著为正,意味着产业链组织其他变量不变的条件下,统一引进或自繁新品种对于安全生产意向较强的养猪户而言,其行为决策更趋向于安全与规范用药。可能的解释是统一引进或自繁新品种的合作社本身由于新品种的推广与市场品牌培育的动机,合作社有加强生猪质量安全监管和技术服务的积极性,相应地,有安全意识的养猪户在生猪安全生产决策方面会有更好的表现。

(2)合作社技术培训次数与养猪户安全行为意向的交互项在1%的水平上显著。说明生猪专业合作社的技术培训与养猪户安全行为意向共同对其安全生产决策行为产生影响,意味着不同专业合作社提供的不同技术培训与不同养猪户行为意向强度共同交互影响其安全生产决策行为。具体而言,同一产业链组织提供的相同的技术培训服务,安全生产意向较强养猪户的行为决策更接近于安全生产,即养猪户安全生产意向改变着养猪户安全生产行为曲线的斜率,如图 4.1 所示。

(3)统一防疫服务与养猪户安全意向的交互项在 1% 的水平上显著。说明生猪产业链组织所提供的统一防疫服务通过养猪户安全意向的共同交互作用,影响养猪户的安全生产决策行为,也就是说,不同合作社提供的统一防疫服务与不同养猪户行为意向强度共同交互作用影响其安全生产决策行为。

(4)在养猪户个体特征变量中,养猪户的养殖规模与其安全生产意向的交互项在 1% 的水平上显著为正,说明不同规模的养猪户在与其不同安全行为意向强度的共同交互作用下影响其安全生产决策行为,意味着外部规制政策措施的制定可以针对不同规模的养猪户进行相应的设计以提高规制效果,提高质量安全水平。

【本章小结】

本章以四川、山东、江苏 3 个省加入养猪专业合作社的养猪户为研究对象,实证分析了产业链组织变量对其安全生产决策行为的影响程度与方向,并在此基础上探讨了引入交互项后养猪户的安全生产决策行为及其影响因素的作用状况,初步得出以下结论:

不同产业链组织发挥的功能有差异,对养猪户的安全生产决策行为影响也有差异。产业链组织中的引进或自繁新品种、技术培训、统一品牌或商标销售以及统一防疫对养猪户安全生产的影响得到显著支持,而产业链组织中的统一饲料和统一兽药两个变量不显著,说明目前产业链组织功能发挥并不平衡。然而从总体看,其他变量不变的情况下,产业链组织对养猪户的安全生产决策行为有着重要的正向影响,验证了产业链组织与养猪户安全生产决策行为的理论假说,意味着改进养猪户安全生产决策,可以通过产业链组织功能的强化与完善来着手进行。

养猪户个体特征变量中,年龄与养殖年数、养猪收入占总收入的比重与养殖规模对养猪户安全生产决策行为有显著的正向影响,而养猪户受教育程度等个体特征变量都不显著。

进一步的交互作用检验发现:产业链组织(合作社)技术培训次数、统一防疫服务、养猪户的养殖规模与其安全生产意向的交互项对养猪户安全生产决策行为的影响得到显著支持,验证了养猪户安全生产意向对其安全生产决策行为曲线斜率影响关系的理论假说。

第六章 政府规制与养猪户质量安全行为的实证分析

在第三章研究背景中,有关生猪质量安全规制情况的介绍和第四章有关政府规制与养猪户安全生产决策的分析框架和理论模型的基础上,本章运用四川、山东和江苏3省798个养猪户的样本数据,实证分析政府规制对生猪养殖户安全生产决策行为的影响作用。首先对样本进行描述性统计分析,然后分两步将政府规制变量及其与养猪户安全生产意向变量的交互项因素纳入回归模型,实证分析养猪户安全生产决策行为并对回归结果进行解释与讨论。

第一节 政府规制情况的描述性统计分析

本研究所关注的政府规制主要是指具体的操作层面:一方面,法律法规作为正式的制度安排对所有的生产者进行一样的外部约束,没有讨论的必要;另一方面,在实践操作层面上的政府规制水平是有差异的,对养猪户的生产经营行为有直接影响。据此,政府规制主要包括违禁药物添加剂宣传与监督检查次数、防疫规制水平、检验检疫力度、违规惩罚力度等四个方面。

一、违禁药物添加剂监督检查次数

当地政府部门主要是畜牧兽医站(局)进行违禁药物的宣传和养殖过程的监督检查。总体来看,宣传次数的平均值只有3.374,政府的监督检查次数平均也只有2.420,也就是说,每年政府的宣传与监督检查的力度较小。从最大值与最小值来看,有的养殖场每年被政府检查与调研的次数多达12次,平均每月1次,而有的没有,这基本符合政府部门工作抓重点的基本情况。从宣传与检查的方式与内容来看,政府主要在疫情多发季节通过宣传册(页)、电视广播以及培训会议的方式,宣传防疫知识和违禁药物的危害以及相关法律政策。违禁药物的检查主要针对激素类药物和精神类药物,譬如盐酸克仑特罗、沙丁胺醇、硫酸沙丁胺醇、莱克多巴胺、己烯雌酚、雌二醇、戊酸雌二醇等激素类药物和盐酸异丙嗪、安定(地西泮)、苯巴比妥等精神类药物,具体检查养猪户的免疫检测记录、消毒记录、饲料添加剂与兽药记录、诊疗记录等生产管理记录的内容均有调研。

二、防疫规制水平

防疫规制是指政府部门在养猪户防疫过程中针对流行性和传染性强的疫情疾病统一防疫的管制与支持政策。从调研样本统计看,养猪户对政府部门防疫规制水平的评价均值是 3.264。养猪户在疫病防治过程中,得到的政府支持措施有免费技术培训、免费兽药或防疫疫苗、及时疫情通报等,其中,生猪防疫疫苗及其使用量如表 6.1 所示。

表 6.1 生猪疫苗使用及政府支持

防疫疫苗	猪蓝耳病	猪瘟	猪链球菌病	口蹄疫	猪肺炎	猪丹毒	流行性腹泻
防疫次数	2	2	2	2~3	2	1	2
使用剂量(mL)	1	2~6	1~2	2	1~2	2	1
政府支持	√	×	×	√	×	×	×

资料来源:根据 2011 年实地调查整理。

由表 6.1 中可以看出,政府部门针对流行范围广且传染性强的蓝耳病、口蹄疫等提供免费疫苗。但实际调研发现,有部分养猪户实际上并不会给自家猪打疫苗,原因是注射疫苗后,生猪会出现应激反应,譬如注射口蹄疫疫苗后,猪会持续一周采食量下降,这会延长生猪饲养周期,增加其养殖成本。政府部门对此无法严格控制,只能加强对防疫知识的技术培训,提高养猪户对防疫的认识。

三、检验检疫力度

生猪在出售之前一般都要进行检验检疫,抽检的比例是 2% 到 10% 不等,抽检的项目主要是"瘦肉精"、重金属以及兽药残留等,具体如表 6.2 所示。

表 6.2 生猪抽检项目

抽检项目	瘦肉精	重金属	兽药残留	水分	其他
是否抽检	√	√	√	×	×

注:"√"是指对该项目进行了抽检;"×"是没有抽检该项目。
资料来源:根据2011年实地调查与访谈整理。

"瘦肉精"是一类动物用药,有数种药物被称为瘦肉精,如莱克多巴胺(ractopamine)、盐酸克伦特罗(clenbuterol)。将瘦肉精加入饲料中可以增加瘦肉率,减少饲料使用,使肉品提前上市,降低成本。检测瘦肉精主要通过试纸验尿的方式快速检测其是否呈阳性,政府采购的试纸每片2元到15元不等。从检验检疫力度评价看,总体只有2.133的水平,但各地政府之间是有差异的,这与各地财政收入和检验检疫投入力度是有关的,譬如江苏省张家港地区的检验检疫力度评价均值达到4.02,高于平均水平。

四、违规惩罚力度

调研问卷中设置了"如果违规出售了死猪肉或使用了违禁药物,当地政府的措施是:1=追究法律责任;2=罚款;3=一般查不到;4=其他"。其中选择"1"的养殖户占57.49%,选择"2"的养殖户占67.61%,还有32.09%的养殖户选择"3"。虽然国家《食品安全法》对食品生产违规行为进行了明确的界定,最高可判至死刑,但养猪户分散经营的模式,使得在追溯成本与监督检验成本都过高的情况下,养殖户仍然有违规生产的机会。

总体来看,政府规制各个变量的统计分析如表6.3所示。

表 6.3 政府规制水平指标的描述性统计

变量	变量说明	均值	标准差	最大值	最小值
宣传与监督检查次数($Cont$)	没有=0;1次=1 依次类推	2.420	4.373	12	0
防疫规制水平($Prev$)	①	3.264	1.281	5	1
检验检疫力度($Quar$)	②	2.133	3.342	5	1
违规惩罚力度($Puni$)	②	2.082	1.934	5	1

注:① 很低=1;低=2;一般=3;高=4;很高=5;② 很小=1;小=2;一般=3;大=4;很大=5。其他变量的描述性统计分析同第五章的相关内容。

资料来源:根据2011年实地调查数据整理。

第二节 实证分析

在描述性统计分析的基础上,根据养猪户安全生产决策行为的函数形式,本研究采用多元线性回归方法,首先将影响养猪户安全生产行为的因素全部放入模型中进行回归分析,然后在此基础上,引入养猪户安全生产意向的交叉项变量进行回归分析,同时考察产业链组织与政府规制对不同地区、不同规模养猪户安全生产行为影响的差异,并对该差异产生的原因进行解释。

一、实证模型的说明

计量经济学原理告诉我们,无论被估计函数具体形式如何,运用线性回归模型可以给出比较好的一阶近似。因此,本书建立线性回归模型测度政府规制对养猪户安全生产决策行为的影响。具体的函数形式如下:

$$Y_i = \alpha + \sum_{i=1}^{n}\beta_i Cont_i + \sum_{i=1}^{n}\varphi_i Prev_i + \sum_{i=1}^{n}\gamma_i Quar_i + \sum_{i=1}^{n}\mu_i Puni_i + \eta X + \delta_i Int_i + u_i$$

其中,Y_i 代表养殖户 i 的安全生产决策行为,$Cont_i$ 代表养猪户 i 所接受的政府监督检查次数,$Prev_i$ 代表养猪户 i 所接受的政府防疫规制水平,$Quar_i$ 代表养猪户 i 所接受的政府检验检疫力度,$Puni_i$ 代表养猪户 i 所接受的政府违规惩罚力度,X 代表有关养猪户个体特征变量,Int_i 代表养猪户 i 的安全生产意向,u_i 为随机扰动项。

在考虑养猪户自身安全生产意向与政府规制的交互影响时,相关因素对养猪户安全生产决策行为的影响方程如下:

$$Y_i = \alpha + \rho G + \phi Int * G + \eta X + u_i$$

其中,$Int * G$ 代表养猪户安全生产意向与政府规制水平的交互作用,ϕ 代表交互作用对被解释变量 Y_i 的效应,G 代表政府规制诸变量,X 代表有关养猪户个体特征变量。

二、政府规制与养猪户安全生产决策行为模型的回归结果

根据上述模型设定,对798个有效样本数据进行线性回归处理,结果发

现模型的 R^2 为 0.435，模型 F 统计量为 68.5326 且在 1% 的水平上显著，说明模型估计结果较好，详见表 6.4。

表 6.4 政府规制与养猪户安全生产决策行为的实证结果

变量	系数	标准误差	T 值	显著性
监督检查次数（$Cont$）	0.251**	0.034027	2.562	0.028
防疫规制水平（$Prev$）	0.554*	0.022968	3.685	0.002
检验检疫力度（$Quar$）	0.287***	0.030422	1.978	0.076
违规惩罚力度（$Puni$）	0.216	0.004273	1.895	0.184
年龄（X_1）	0.137	0.034161	1.930	0.128
受教育程度（X_2）	0.204	0.011860	1.838	0.256
养殖年数（X_3）	0.336**	0.021364	2.572	0.018
养猪收入占总收入的比重（X_4）	0.288***	0.013462	2.468	0.055
养殖规模（X_5）	0.318***	0.012753	2.419	0.083
安全生产决策行为意向（Int）	0.569*	0.012915	3.598	0.001
常数项	-2.394*	0.065274	13.621	0.000
F 统计值		68.5326(0.000)		
R^2		0.435		

注：*、**、*** 表示的显著性水平分别为 1%、5% 与 10%。

从表 6.4 中可以看出，政府规制中的宣传与监督检查次数、防疫规制水平、检验检疫力度等变量在不同显著水平上通过了检验，而违规惩罚力度变量虽然没有通过检验，但作用方向符合理论假说预期，即验证了假说二；控制变量中的养猪户年龄与受教育程度变量并没有通过检验，说明在政府规制等其他变量不变的情况下，这两个变量对养猪户安全生产行为并没有直接影响，而有可能是调节性的变量，需要以后进一步地研究。下面分别予以具体的解释与讨论：

（1）违禁药物监督检查次数。该变量的回归系数为 0.251，在 0.05 的水平上显著，说明当地政府部门有关违禁药物宣传与监督检查的次数越多，养猪户的生产决策行为越趋向于安全。调研发现，当地政府部门对违禁药物的宣传与监督检查力度越大，养猪户获取的安全生产指导越多，了解的市场与防疫信息越多,他们对猪肉质量安全的认知就越到位,饲喂养殖过程中就越会有意识地科学用药和严格执行休药期,由此养猪户安全生产决策行为越趋向于安全。

(2) 防疫规制水平。回归系数为 0.554,在 0.01 的水平上显著,说明养猪户所受到的防疫规制水平越高,其养殖生产决策行为越接近于安全。由于动物疫病具有较强的传播与传染性,对于养猪户而言,很多疫情譬如蓝耳病、高热病、口蹄疫等具有很强的负外部性,政府畜牧部门为促进该产业发展,有很多支持政策措施,如相关免费疫苗的发放、防疫知识与技术培训等。从调研情况看,养猪户对此受益颇多,而且对政府的防疫规制评价越高,意味着其在生猪防疫认知与防疫效果方面得到了更多的认知与收益,其质量控制行为就越倾向于安全。

(3) 检验检疫力度。从模型回归结果看,回归系数为正且在 0.1 的水平上显著,这说明养猪户对政府部门检验检疫力度评价越高,其质量控制与安全生产决策行为越趋向于安全。调研发现,负责检验检疫的主要是地方动物检疫所(站),以抽检的方式对出售前的生猪进行检验,检验的项目主要集中在"瘦肉精"、兽药残留等方面。有许多地方实现了 100% 生猪产地检疫,只有具备了合格检疫证明的生猪才被允许进入流通及屠宰加工企业。当然检验检疫是需要花费成本的,各地由于财政支出的额度不同而导致检验检疫力度存有差异。总之,养猪户被检验检疫的力度越大,说明其所受的外在规制越强,其生产决策行为就越接近于安全。

(4) 违规惩罚力度。该变量没有通过检验,但从影响方向上看,符合理论预期,即违规惩罚力度越大,养猪户就越倾向于安全生产决策。该变量没有通过检验可能意味着养猪户对违规惩罚力度的认知还不到位。实地调研访谈也发现,超过 1/3 的养猪户认为即使违规出售了死猪肉或使用了违禁药物,相关部门可能也追查不到,这说明在食品安全法等高强度的政府食品安全规制下,仍然有发生质量安全问题的可能,需要政府部门进一步完善与加强有关猪肉质量安全规制的具体执行力度,以切实提高养猪户养殖生产行为的安全性。

(5) 养殖年数。从回归系数看,该变量在 0.05 的水平上显著,说明在政府规制各个变量不变的情况下,养猪户养殖年数越多,其安全生产决策行为越接近于安全。这可能是因为养猪户养殖年数越多,所接触的政府规制政策及具体措施越多,对生猪防疫以及违禁药物的危害了解得越清楚,所积累的养殖经验越丰富,在养猪防疫与疾病诊疗方面更具有应对能力,所用兽药的品种以及剂量有可能会更加符合规范而达到更好的治疗与防疫效果,从而其养猪用药决策行为更接近于安全。

(6)养猪收入占总收入的比重与养殖规模。这两个变量回归系数为正,且都在0.1的水平上显著,说明在控制政府规制的各个变量不变的情况下,养猪户对养猪收入的依赖性越强,养殖规模越大,其养殖决策行为越趋向于安全。可能的解释是养猪户收入越依赖于生猪养殖,其所投入的精力即专用性投资就会越多,养殖规模以及在当地的影响力可能越大,当地政府部门对其监督检查以及追溯的可能性就越高。因此,养猪户有动机主动学习有关生猪养殖过程中的防疫、管理与用药等方面的知识,从而提高生猪质量安全水平。

(7)安全生产决策行为意向。从模型回归结果看,该变量在0.01的水平上通过了检验,而且方向为正,说明在控制其他变量不变的情况下,养猪户安全生产决策行为意向越高,其养殖生产决策行为越安全。可能的解释是养猪户心理决策变量在其生产行为实施的影响中具有重要作用,而且该变量在养猪户所处的不同政府规制环境下可能会产生不同的交互影响作用,需要进一步予以验证。

三、引入交互项后的模型估计

由以上分析得知,违禁药物监督检查次数、防疫规制水平、检验检疫力度、养殖年数、养猪收入占总收入的比重、养殖规模、安全生产决策行为意向等变量对养猪户安全生产决策行为都有显著的直接正向影响。在此基础上,本书继续探讨养猪户安全生产决策行为意向与其他变量是否存在交互作用,以及交互项对养猪户安全生产决策行为的影响程度。具体将上述解释变量与养猪户安全生产决策行为意向变量(Int)的交互项作为解释变量纳入模型中进行回归分析,以验证它们对养猪户决策行为产生的交互影响。模型中的交互项被定义为安全生产决策行为意向与政府规制等变量的乘积,其他变量与表5.3、表6.3中的解释相同。运用SPSS 17.0软件对样本数据进行回归处理,经过逐步回归剔除不显著变量后,模型的R^2为0.409,模型F统计值为68.3649且在1%的水平上显著,具体结果见表6.5。

表 6.5 引入交互项后的模型回归估计结果

变量	系数	标准误差	T 值	显著性
监督检查次数($Cont$)	0.237***	0.023426	2.284	0.064
防疫规制水平($Prev$)	0.351***	0.019460	2.462	0.052
检验检疫力度($Quar$)	0.279***	0.028407	1.978	0.076
养殖年数(X_3)	0.375*	0.010902	3.652	0.001
养猪收入占总收入的比重(X_4)	0.273**	0.006822	2.465	0.048
养殖规模(X_5)	0.226**	0.040636	2.569	0.012
$Cont*Int$	0.051*	0.006146	3.704	0.002
$Prev*Int$	0.084**	0.030265	2.485	0.062
$Quar*Int$	0.023**	0.024738	2.308	0.071
$Puni*Int$	0.006***	0.002398	2.145	0.089
X_5*Int	0.027**	0.033102	2.485	0.026
常数项	−2.936**	0.067140	15.146	0.000
F 统计值:68.3649(0.000)	R^2:0.409			

注:*、**、*** 表示的显著性水平分别为 1%、5% 与 10%。

从表 6.5 中可以看出,引入交互项后,通过逐步回归剔除掉不显著的变量,至少在 10% 的显著性水平上。通过检验的变量有违禁药物宣传与监督检查次数、防疫规制水平、检验检疫力度、养殖年数、养猪收入占总收入的比重、养殖规模等,并且养猪户安全生产决策行为意向和违禁药物宣传与监督检查、防疫规制水平、检验检疫力度、违规惩罚力度以及养殖规模等变量的交互作用在模型中得到显著支持。具体的解释与讨论如下:

(1) 违禁药物监督检查次数与养猪户安全生产意向的交互项在 1% 的水平上显著,意味着当地政府对违禁药物宣传与监督检查发挥作用,在其他因素不变的情况下,养猪户安全生产意向越强,那么该变量对养猪户所起到规制作用的边际效应越大。

(2) 防疫规制水平、检验检疫力度分别与养猪户安全行为意向的交互项在 5% 的水平上显著,说明当地政府相关部门的防疫规制水平与检验检疫力度通过养猪户安全生产意向的交互作用共同影响其安全生产决策行为,意味着在其他因素不变的情况时,相同政府防疫规制水平和检验检疫力度下,不同养猪户安全生产行为意向强度的安全生产决策行为有差异,交互项的影响方向为正,意味着养猪户行为意向越强,其生产决策行为越趋向于安全。

(3) 违规惩罚力度本身在模型中不显著,但该变量与养猪户安全生产意向的交互项却在 5% 的水平上显著,可能的解释是,安全生产意向较强的养猪户对使用违禁药物或出售病死猪肉等违规违法行为的认识比较到位,也就是说相同违规惩罚力度条件下,安全生产意向较强的养猪户的生产决策行为更趋向于安全。要提高生猪质量安全规制力度,需要注意养猪户安全生产意向等心理因素的影响。

(4) 在养猪户个体特征变量中,养猪户的养殖规模与其安全生产意向的交互项在 1% 的水平上显著为正,说明在政府规制等变量不变的条件下,不同规模的养猪户在与其不同安全行为意向强度的共同交互作用下影响其安全生产决策行为,意味着外部规制政策措施的制定可以针对不同规模的养猪户进行相应的设计以提高规制效果,提高质量安全水平。

【本章小结】

本章实证分析了政府规制对养猪户安全生产决策行为的影响程度与方向,并在此基础上探讨了引入交互项后养猪户的安全生产决策行为及其影响因素的作用状况,初步得出以下结论:不同政府规制水平下的养猪户安全生产决策行为存在差异,其中政府规制中的违禁药物监督检查、防疫规制水平、检验检疫力度得到显著支持,虽然违规惩罚力度在模型中没有得到支持,但进一步的交互作用检验发现,包括违规惩罚力度在内的政府规制的四个变量都与养猪户安全生产意向的交互项对其生产决策有显著的影响作用。养猪户个体特征变量中,在政府规制各个变量不变的情况下,养猪户的养殖年数、养猪收入占总收入的比重与养殖规模对养猪户安全生产决策行为有显著的正向影响,进一步的交互作用检验发现养猪户的养殖规模与其安全生产意向的交互项对养猪户安全生产决策行为的影响得到显著支持。所以,在有关政府规制的制度设计与具体执行过程中,需要在关注政策措施执行效果的同时,还要特别注意养猪户心理因素对其行为的调节性影响,这还需要做进一步的探索性实证研究,详见第七章内容。

第七章 产业链组织治理、政府规制对养猪户安全生产心理决策影响机制的实证分析

从第五章和第六章实证分析的结果中,可以看出养猪户安全生产意向在其安全生产决策中起到重要的作用,对产业链组织与政府规制变量具有交互作用且交互项对养猪户安全生产决策有显著的影响。基于此,启动本章的研究内容,即结合已有的相关研究,将产业链组织、政府规制与养猪户安全生产意向等心理因素纳入一个模型,深入探讨养猪户安全生产心理决策机制,运用结构方程模型方法,实证分析产业链组织、政府规制对养猪户安全生产心理决策的影响机制,并以养猪户个体特征为调节变量进行分群组检验,以深入把握养猪户安全生产决策的内在规律并对第五章和第六章的研究结论做进一步佐证与补充。

第一节 理论模型与研究假说

人的行为都是在一定环境条件下发生,推动人的行为的动力因素有行为者的需要、动机和既定的目标。Ajzen(1985)通过权衡行为的潜在决定因素,包括态度、主观规范、感知行为控制来预测并理解人们的行为,并据此提出了计划行为理论(theory of planned behavior,TPB)。TPB 主要从三个阶段来分析行为的形成过程:① 行为决定于个人的行为意图;② 行为意图决定于该行为的态度、主观规范和认知控制这三个或其中某部分的影响;③ 行为的态度、主观规范及认知行为控制决定于人口特征、个人特性、对事物的信念、对事物的态度、工作特性、环境等外部因素。周洁红(2006)根据该理

论构建了蔬菜质量控制行为模型[①]并对菜农做了实证检验。与种植业相比,养殖业所面临的风险与不确定性因素更复杂,前一章的实证研究结果显示,养殖户安全生产意向对其安全决策行为的直接以及交互影响作用比较显著。已有的研究成果(周洁红,2006;吴秀敏,2006;冯泽忠,2007;王瑜,2008;刘军弟,2009)也指出农户质量安全认知对其质量控制行为的影响,但对其心理决策机制的探讨有待进一步深入。

本章主要关注的是产业链组织与政府规制环境下养猪户安全生产行为的心理决策机理。根据计划行为理论,农户决策行为会受到农户心理意向因素的影响,养殖户的心理因素为其提供了有关经济活动可能的倾向性,并在很大程度上决定行为决策的方向;心理意向因素又与农户的行为目标、对安全生产行为的认知以及所处的环境因素有关。由此,本章结合已有的理论研究成果与实地调研访谈所得到的信息,提出产业链组织治理、政府规制治理与养殖户安全生产心理决策机制的理论模型,如图7.1所示。

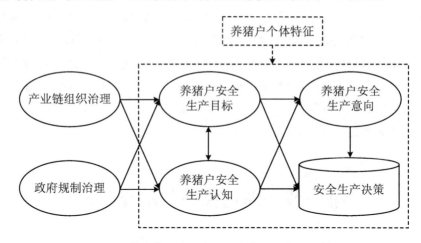

图7.1 养猪户安全生产心理决策机制的理论模型

(1)养猪户安全生产决策行为。养猪户安全生产行为的测量指标体系比较难以建立,因为该行为的评价是由养猪户自己做出的,个人主观色彩较难剥离。在参考相关成果(周洁红,2006;王瑜,2008)的测量指标基础上,结合实地调研访谈得到的信息内容,本研究采用禁用兽药使用情况、防疫情况和休药期执行情况等方面的态度与频度指标来反映养猪户安全生产决策行

---

① 周洁红,2006.农户蔬菜质量安全控制行为及其影响因素分析:基于浙江省396户菜农的实证分析[J].中国农村经济(11):25-34.

为,例如,"休药期执行情况令人满意"等。

(2) 养猪户安全生产意向。计划行为理论认为,个体的行为意向由行为态度、主观规范和行为控制认知综合决定,个体的行为态度越积极、主观规范的约束力越大、感知到的行为控制力越强,则执行某种行为的意向越强烈,而这种意向越强烈,就越有可能最终执行某种行为。养猪户安全生产行为意向主要涉及其质量安全态度、意愿与能力,例如,"我计划养殖质量安全的猪""现有条件下我有能力养殖质量安全的猪"等。养猪户安全生产意向对其安全生产行为的影响有待进一步验证。

(3) 养猪户安全生产目标。人的行为一般都有目标导向性,具有追求收入和利润最大化的动机,同时还有许多非经济目标,如生活的安定与保障、家庭的荣誉与地位等。基于此并结合调查访谈,养猪户的心理目标除了获得更多收入以外,还包含让自己良心安稳、赢得尊重等方面,例如,"养殖质量安全的猪是为了获得更高的收入""养殖质量安全的猪可以让自己良心安稳"等,养猪户安全生产目标对其安全生产意向以及对安全生产行为的影响有待进一步的实证检验。

(4) 养殖户安全生产行为的认知。养殖户对自身安全生产行为的认知,直接影响其生产经营目标的调整与确立,也会对其安全养殖意向乃至养殖行为产生影响。该变量主要涉及具体生产经营过程中有关质量安全的操作管理行为的了解与掌握程度,譬如"对所有兽药的休药期了解程度评价""对防疫的认识程度评价"等方面。

(5) 产业链组织治理。产业链组织治理主要涉及技术培训、品牌经营、标准化管理等具体的几个方面,治理环境对养猪户生产经营目标、生产认识以及生产意向都可能会产生影响,影响的程度也主要是养猪户对其所处治理环境所做出的评价,例如,"产业链组织(合作社)的技术培训对养殖质量安全的猪有帮助""产业链组织(合作社)的品牌或统一销售对养殖质量安全的猪有帮助"等方面。

(6) 政府规制治理。政府规制对养猪户的影响主要涉及具体的操作层面,第五章已做过实证,政府规制作为正式的外部约束,对养猪户的生产经营目标设置底线,政府部门所做的有关宣传、检验检疫以及防疫规制等具体措施对养猪户安全生产的目标与认识会有直接影响,同时也有可能会左右其安全生产意识,这些都有待于进一步的实证检验。

(7) 生猪养殖户个体特征。生猪养殖户对以上心理决策变量以及外部治理变量的评价会受到包括性别、年龄、教育、养殖年限等方面个体特征变量的调节,同时不同养殖规模养猪户的心理决策机制也可能有差异,本研究将以养猪户个体特征变量为调节变量代入到结构方程模型中进行实证检验与分析,着重分析不同规模、不同地区养猪户在安全生产心理决策机制及其影响因素的差异。

基于以上分析,本研究提出如下研究假说:
H1:产业链组织治理对养猪户安全生产目标有正向影响。
H2:产业链组织治理对养猪户安全生产认知有正向影响。
H3:政府规制治理对养猪户安全生产目标有正向影响。
H4:政府规制治理对养猪户安全生产认知有正向影响。
H5:养猪户安全生产目标与养猪户安全生产认知相互影响且方向为正。
H6:养猪户安全生产目标对其安全生产意向有正向影响。
H7:养猪户安全生产目标对其安全生产行为有正向影响。
H8:养猪户安全生产认知对其安全生产意向有正向影响。
H9:养猪户安全生产认知对其安全生产行为有正向影响。
H10:养猪户安全生产意向对其安全生产行为有正向影响。
H11:养猪户个体特征对其安全生产心理决策的形成有调节作用。

第二节 结构方程模型介绍与描述性统计分析

确立了理论模型与研究假说后,本研究所涉及的变量都是潜在变量,故选择结构方程模型进行实证分析,首先要对结构方程模型的原理做简单介绍,然后对问卷设计以及变量的基本情况进行描述性统计分析。

一、结构方程模型的原理

在社会科学以及经济、市场、管理等研究领域,有时需要处理多个原因、多个结果的关系,或者会碰到不可直接观测的变量(即潜变量),这些都是传统统计方法不能很好解决的问题。结构方程模型(structural equation modeling,SEM)是一个包括一组自变量和一个或多个因变量,用来建立和处理变量间因果关系的定量模型。SEM 有效整合了多元回归、因子分析和路径分析等方法,这一分析方法正日益在管理学、心理学、经济学、行为科学等领域广泛运用。结构方程模型与传统统计方法相比有以下几个特点[①]：① 结构方程模型没有经典线性回归方程的严格假定条件，允许自变量和因变量存在一定的测量误差。② 结构方程模型允许多重共线性的存在，并且可以同时处理多个内生变量问题。③ 用最大似然法估计模型中的所有参数，能考虑多个变量之间的关系，排除其他因素的影响，比较准确地估计两个变量之间的因果关系，SEM 除了可以计算变量的直接效应外，还能推导出间接效应和总效应，表达中介变量的作用。④ 可以对整个模型与数据的拟合程度进行评估，同时检验结构模型中的所有假设。

结构方程模型包含测量方程（measurement equation）和结构方程（structural equation）两个部分。测量方程描述潜变量与观测变量之间的关系，结构方程描述潜变量之间的关系。

（一）测量方程

$$x = \Lambda_x \xi + \delta$$
$$y = \Lambda_y \eta + \varepsilon$$

式中，x：外源（exogenous）指标组成的向量，是由 q 个外源指标组成的 $q \times 1$ 向量；y：内生（endogenous）指标组成的向量，是由 p 个外源指标组成的 $p \times 1$ 向量；ξ：外源潜变量，是由 n 个外源潜变量组成的 $n \times 1$ 向量；η：内生潜变量，是由 m 个内生潜变量组成的 $m \times 1$ 向量；Λ_x：外源指标与外源变量之间的关系，是外源指标的外源潜变量上的因子负荷矩阵，即 x 在 ξ 上的 $q \times n$ 因子负荷矩阵；Λ_y：内生指标与内生潜变量之间的关系，是内生指标在内生潜变量上的因子负荷矩阵，即 y 在 η 上的 $p \times m$ 因子负荷矩阵；δ：外源指标 x 的误差项，是由 q 个测量误差组成的 $q \times 1$ 向量；ε：内生指标 y 的误差项，是由 p 个测量误差组成的 $p \times 1$ 向量。

（二）结构方程

$$\eta = B\eta + \Gamma\xi + \zeta$$

式中，B 为内生潜变量之间的关系；Γ 为外生潜变量对内生潜变量的影响；ζ 为结构方程的残差项组成的向量，反映了 η 在结构方程中未能被解释的部分。

---

① 黄芳铭,2005.结构方程模式:应用与实践[M].北京:中国税务出版社.
李建宁,2004.结构方程模型导论[M].合肥:安徽大学出版社.

结构方程模型的假设包括：

(1) 测量方程误差项 ε 与 δ 的均值为零；

(2) 结构方程残差项 ζ 的均值为零；

(3) 误差项 ε、δ 和因子 η、ξ 之间不相关，ε 与 δ 不相关；

(4) 残差项 ζ 与 ξ、ε、δ 不相关。

除去 Λ_x、Λ_y、B 和 Γ 这 4 个矩阵已经在上述测量方程和结构方程中出现，一个完整的结构方程模型还包括 Φ、Ψ、Θ_ε 和 Θ_δ。Φ 为潜变量 ξ 的协方差矩阵，Ψ 为残差项 ζ 的协方差矩阵，Θ_ε、Θ_δ 分别为 ε 与 δ 的协方差矩阵。

为了求出全部指标组成的 $(p+q) \times 1$ 向量 (y', x') 的协方差矩阵，可以先求出 y、x 的协方差矩阵以及它们之间的协方差矩阵。

$x = \Lambda_x \xi + \delta$，假设潜变量是中心化的，所以，$\Phi = E(\xi\xi')$。对两边求协方差得到

$$\Phi = E(\Lambda_x \xi + \delta)(\xi' \Lambda_x' + \delta')$$
$$= \Lambda_x E(\xi\xi') \Lambda_x' + E(\delta\delta')$$
$$= \Lambda_x \Phi \Lambda_x' + \Theta_\delta$$

所以，x 的协方差矩阵为 $\sum_{xx}(\theta) = \Lambda_x \Phi \Lambda_x' + \Theta_\delta$，$y$ 的协方差矩阵为 $\sum_{yy}(\theta) = \Lambda_y E(\eta\eta') \Lambda_y' + \Theta_\varepsilon$。

将 $\eta = B\eta + \Gamma\xi + \zeta$ 变形为

$$\eta = (I - B)^{-1}(\Gamma\xi + \zeta) \eta = \tilde{B}(\Gamma\xi + \zeta)$$

其中，$\tilde{B} = (I - B)^{-1}$，隐含模型的一个假设 $(I - B)$ 是可逆矩阵。由该式可以求得

$$E(\eta\eta') = \tilde{B}(\Gamma\Phi\Gamma' + \Psi)\tilde{B}'$$

代入 $\sum_{yy}(\theta) = \Lambda_y E(\eta\eta') \Lambda_y' + \Theta_\varepsilon$，得 y 与 x 的协方差矩阵为

$$\sum_{yx}(\theta) = E(yx')$$
$$= E[(\Lambda_y \eta + \varepsilon)(\xi' \Lambda_x' + \delta')]$$
$$= \Lambda_y E(\eta\xi') \Lambda' = \Lambda_y \tilde{B} \Gamma \Phi \Lambda_x'$$

所以，$(y', x')'$ 的协方差矩阵可以表示为参数矩阵的函数：

$$\sum(\theta) = \begin{bmatrix} \sum_y y(\theta) & \sum_y x(\theta) \\ \sum_x y(\theta) & \sum_x x(\theta) \end{bmatrix}$$
$$= \begin{bmatrix} \Lambda_y \tilde{B}(\Gamma\Phi\Gamma' + \Psi)\tilde{B}'\Lambda_y' + \Theta_\varepsilon & \Lambda_y \tilde{B}\Gamma\Phi\Lambda_x' \\ \Lambda_x \Phi \Gamma' \tilde{B}' \Lambda_y' & \Lambda_x \Phi \Lambda_x' + \Theta_\delta \end{bmatrix}$$

在结构方程模型中,最基本的假设就是 $\sum(\theta)$ 等于总体的协方差矩阵 $\sum$,即 $\sum = \sum(\theta)$。从而观测变量(即内生变量和外源变量的指标)的方差和协方差都是模型参数的函数,在分析某一模型时,其实质问题就是研究模型(即变量之间的关系)是否与数据拟合。

二、结构方程模型的分析步骤

本研究在应用结构方程模型进行实证研究时遵循以下四个步骤:

(1)模型构建。根据相关理论研究成果和实地调查,将影响养猪户安全生产心理决策机制的主要因素用一组方程式表达出来,确定因素之间的逻辑关系结构,每个潜在变量因素的测量方程,依此构建起结构方程模型框架,并提出相关假说。

(2)问卷设计与数据搜集。根据所构建的模型与研究假说,运用李克特量表技术,设计具体的调查问卷,搜集处理数据,并进行必要的检验分析。一般而言,做两个方面的检验:一是效度检验,包括内容效度(content validity)和建构效度(construct validity)两个方面。内容效度指测量题项的适当性与代表性,即测验内容能否反映所要测量变量的特质,能否达到所要测量的目的或行为。问卷设计时往往借鉴前人的研究成果来进行,也就是说内容上具有良好的逻辑基础,即可以认为他们具有较好的内容效度。建构效度指的是测验样本能够测量出理论的特质或概念的程度,即实际的测量值能解释某一指标特质的多少。如果样本数据能够做因子分析,则此样本数据具有较好的建构效度。二是信度检验,主要是指问卷测量结果的可靠性、一致性。一般通过克朗巴哈系数和结构方程模型的分析可以得出潜变量的信度。

(3)模型识别与估计。模型的识别是指模型的参数是否能够估计,是否能够求出参数估计的唯一解。模型参数可以采用几种不同的方法来估计,最常用的方法是最大似然法。在取得参数估计值以后,需要对模型与数据之间是否拟合进行评价,并与替代模型的拟合度指标进行比较。如果模型不能很好地拟合数据,就需要对模型进行修正和再次设定,通过删除、增加或修改模型的参数,以增加模型的拟合程度。

(4)模型解释和结果分析。经过结构方程模型的分析,可以得到各个潜变量之间的路径系数以及指标与潜变量之间的因子负荷值。计算结构变量之间的直接效应、间接效应以及总的影响效应,根据研究假说与理论模型对检验结果做出合理的解释。

三、问卷设计与描述统计

本研究采用问卷调查法,以加入养猪合作社的农户为研究对象,主要测量了养猪户安全生产行为(behavior,简写为 beh)、养猪户安全生产意向(intention,简写为 int)、养猪户安全生产目标(goal)、养殖户安全生产行为的认知(cognize,简写为 cog)等心理决策变量以及产业链组织治理(chain governance,简写为 chg)、政府规制治理(regulation,简写为 regu)、生猪养殖户个体特征等外部环境与个体变量。

在问题项的测量上,本研究使用李克特(Likert)五级量表,该填答方式的内部一致性程度相对较高,在心理学、管理学调查中广泛应用。该量表是一种次序变量[①],在管理学和心理学中,对于涉及主观判断问卷内容的测量具有比较成熟的应用,同时李克特量表能够避免问题项单纯用是或否来回答,既满足了对主观性判断问题的测度,又能使测度的结果用于定量数据分析。调查问卷对样本养猪户心理决策变量的具体统计特征如表7.1所示。

表 7.1 养猪户安全生产心理决策变量的描述统计情况

测量题项	均值	中位数	标准差
goal01,养殖质量安全的生猪能获得更多的收入[①]	4.521	4	0.563
goal02,养殖质量安全的猪可以让自己良心安稳[①]	4.256	4	0.724
goal03,养殖质量安全的猪可以赢得别人的尊重[①]	4.324	4	0.782
goal04,同行中,养殖质量安全的猪可以赢得一定的声望[①]	4.381	4	0.863
int01,您计划养殖质量安全的猪[①]	4.654	4	0.778
int02,愿意克服困难养殖质量安全的猪[①]	4.532	4	0.494
int03,现有条件下能够供给质量安全的猪[①]	4.244	4	0.582
cog01,兽药或添加剂残留对人体健康会有影响[①]	4.580	4	0.449
cog02,您对所使用兽药的休药期都了解[①]	3.472	4	0.683

---

① 吴明隆,2003.SPSS统计应用实务:问卷分析与应用统计[M].北京:科学出版社:20.

续表

测量题项	均值	中位数	标准差
cog03,您认为给生猪防疫很重要①	4.651	4	0.460
cog04,您对有关生猪质量安全的法律法规很关注①	2.374	2	0.861
chg01,合作社的技术培训对养殖质量安全的猪有帮助②	4.263	4	0.484
chg02,合作社的质量标准对养殖质量安全的猪有帮助②	4.182	3	0.640
chg03,合作社品牌或统一销售对养殖质量安全的猪有帮助②	2.114	2	0.961
chg04,合作社统一防疫对养殖质量安全的猪有帮助②	4.233	4	0.532
regu01,食品安全法对您的养猪行为有影响②	2.082	2	0.682
regu02,生猪市场准入制度对您的安全养殖行为有影响①	2.164	2	0.780
regu03,生猪出售前的检验检疫措施对您的安全养殖行为有影响①	2.970	3	1.562
beh01,您认为所养殖的猪很安全①	4.172	4	0.660
beh02,您使用兽药时的配药很规范①	4.283	4	0.573
beh03,您对兽药休药期的执行很严格①	3.568	3	0.851
beh04,您在养猪过程中的防疫很到位①	4.332	4	0.680

注:① 完全不同意=1;有点不同意=2;不确定=3;同意=4;完全同意=5。② 完全没有=1;基本无=2;不确定=3;有影响=4;很有影响=5。

资料来源:根据2011年实地调研数据整理。

四、效度与信度分析

效度检验包括内容效度(content validity)和建构效度(construct validity)两个方面。内容效度指测量题项的适当性与代表性,即测验内容能否反映所要测量变量的特质,能否达到所要测量的目的或行为。一般来说,问卷设计时往往借鉴前人的研究成果来进行,也就是说内容上具有良好的逻辑基础,即可以认为他们具有较好的内容效度。问卷中养猪户安全生产决策行为、养猪户安全生产意向、养猪户安全生产目标以及养猪户安全生产行为认知等心理决策变量的测量主要参考了周洁红(2006)、王瑜(2008)的计划行为理论模型以及赵建欣(2008)的农户行为意向模型,产业链组织治理与政府规制治理变量主要参考了周峰(2008)、刘军弟(2009)的农户生产行为模型,以保证问卷量表设计能够具有良好的内容效度。建构效度指的是测验样本能够测量出理论的特质或概念的程度,即实际的测量值能解释某一指标特质的多少。一般来说,如果样本数据能够做因子分析,则此样本数据具有较好的建构效度。二是信度检验,主要是指问卷测量结果的可靠性、一致性。一般通过克朗巴哈系数和结构方程模型的分析可以得出潜变量的信度。

(一) 养猪户质量安全决策行为的效度与信度分析

将数据输入 SPSS 后,结果显示养猪户安全生产决策行为变量的抽样适合性检验测试系数为 0.725,可以接受;样本分布的巴特利球体卡方检验值达到显著性效果,说明样本数据可以进行因子分析,具体结果如表 7.2 所示。

表 7.2 养猪户安全生产决策行为的抽样适合性检验值和巴特利球体值检验

抽样充分性测度		0.725
球形检验	卡方检验	1652.562
	显著性	0.000

注:当抽样适合性检验值愈大时,表示变量间的共同因素越多,越适合进行因素分析,根据 Kaiser 的观点,抽样适合性检验值小于 0.5 时不宜进行因素分析。巴特利球度检验可用来判断资料是否是多变量正态分布,也可用来检验相关系数矩阵是否适合进行因素分析。

对该变量的 4 个测量问题运用主成分分析法进行因子分析,结果见表 7.3。

表 7.3 养猪户安全生产决策行为的因子分析结果

成分	初始特征值			平方和负荷量萃取			Common components
	总和	方差的百分比(%)	累计(%)	总和	方差的百分比(%)	累计(%)	
1	3.024	75.60	75.60	3.024	75.60	75.60	0.827
2	0.901	22.525					0.846
3	0.047	1.175					0.791
4	0.028	0.70					0.844

经过因子分析后,可以看到 $beh01$、$beh02$、$beh03$ 和 $beh04$,4 个因子对养猪户安全心理决策行为的累积方差解释程度为 75.6%,说明这 4 个题项

对潜变量的贡献度较高。由此,继续对组成因子的测量项目内部一致性进行检验,通过其克朗巴哈系数体现。在探索性研究中,信度系数只要达到0.70就可以接受,如果信度系数低于0.35则必须予以拒绝,在实务中,系数值只要达到0.6的水平,也可以宣称该测量工作的信度是可以接受的。检验结果如表7.4所示。

表7.4 养猪户安全生产决策行为的信度分析

题项编号	矫正后相关系数	克朗巴哈系数
$beh01$	0.755	
$beh02$	0.776	0.812
$beh03$	0.717	
$beh04$	0.768	

从表7.4可以得出,养猪户安全生产决策行为的信度超过0.70,在可接受的信度范围内,说明相关问题项表现出了较好的信度。

(二)其他解释变量的效度与信度分析

同理,本研究对养猪户安全生产意向(int)、养猪户安全生产目标($goal$)、养殖户安全生产行为的认知(cog)等心理决策变量以及产业链组织治理(chg)、政府规制治理($regu$)其他5个潜在变量采用同样的方法,进行了效度与信度检验分析,结果如表7.5所示。

表7.5 其他解释变量的效度与信度分析结果

变量	测量题项	抽样适合性检验值	巴特利球体检验/显著性	共同成分	累计方差解释	克朗巴哈系数
	$int01$			0.859		
int	$int02$	0.724	1528.702/0.000	0.882	77.62%	0.815
	$int03$			0.823		
	$goal01$			0.817		
$goal$	$goal02$	0.766	1634.240/0.000	0.826	74.35%	0.842
	$goal03$			0.841		
	$goal04$			0.825		

续表

变量	测量题项	抽样适合性检验值	巴特利球体检验/显著性	共同成分	累计方差解释	克朗巴哈系数
cog	删除 cog04 后					
	cog01			0.825		
	cog02	0.785	1324.368/0.000	0.812	76.58%	0.828
	cog03			0.836		
chg	删除 chg03 后					
	chg01			0.839		
	chg02	0.782	1428.692/0.000	0.832	73.96%	0.856
	chg04			0.843		
regu	regu01			0.806		
	regu02	0.735	1234.722/0.000	0.802	70.25%	0.735
	regu03			0.773		

资料来源：根据2011年调研数据运行后处理得出。

原有题项中，养猪户安全认知变量在删除 cog04 之前，抽样适合性检验值为 0.702，克朗巴哈系数值为 0.707；产业链组织治理指标在删除 chg03 之前，抽样适合性检验值为 0.704，克朗巴哈系数值为 0.712，删除后都有了明显的改善。总之，以上潜变量问卷题项都通过了效度与信度检验，具有较强的可靠性与可信度，下面就将利用该数据对理论模型进行实证检验。

第三节 模型估计结果与分析

根据结构方程模型的分析策略和步骤，首先要对模型的整体拟合优度进行检验，以确定构建的模型是否合理。在此基础上，再进行路径系数结果的估计，其间如果模型整体拟合效果不佳，还需要根据修正指数对模型进行调整以达到理想的结果，从而方便后续的分析。

一、模型的拟合结果

Bagozzi 和 Yi(1988)认为,结构方程模型的拟合优度评价应该从拟合标准(preliminary fit criteria)、模型内在结构拟合优度(fit of internal structure of model)和整体模型拟合优度(overall model fit)三个方面进行估计[1]。基本的拟合标准主要用来检验模型是否存在系统误差、辨识问题或输入有误等;模型内在结构拟合优度主要用于评价模型估计参数的显著性程度、各个指标与潜在变量的信度等,其中主要看各个项目的信度是否在0.5以上,潜在变量的组合信度是否在0.7以上,前面已经对各个指标的效度和信度进行了检验,结果达到了可接受的水平。整体模型拟合优度用来评价整个模型和观测资料适配程度,其衡量指标有三种:绝对拟合优度指标(absolute fit measures)、增量拟合优度指标(incremental fit measure)和简约拟合优度指标(parsimonious fit measures)。绝对拟合优度指标是用来确定整体模型可以预测协方差矩阵或相关矩阵的程度,衡量指标主要有卡方统计值、拟合优度指标(gfi)、平均残差平方根(rmsr)、近似误差的均方根(rmsea)等,其中 gfi 大于 0.8[2],rmsr 和 rmsea 低于 0.1 为经验理想数值。增量拟合优度指标是比较所发展的理论模型与虚无模型的,衡量指标有调整的拟合优度指数(agfi)、规范拟合指数(nfi)、比较拟合指数(cfi)等,agfi、nfi 高于 0.9 为理想数值。简约拟合指标主要用于调整拟合优度指标,这样才能比较含有不同估计系数数目的模型,以决定每个估计系数所能获得的适配程度,衡量指标有简约基准拟合指数(pnfi)、简约拟合优度指数(pgfi)等,通常 pnfi、pgfi 高于 0.9 为理想数值。

根据上述拟合标准,本研究运用 SPSS 17.0 与 Amos 17.0 软件对样本数据的结构方程模型进行运算,结果发现本研究的结构方程模型与观测数据整体拟合优度是可以接受的,具体如表7.6所示。

---

[1] Bagozzi R P, Yi Y, 2016. On the Evaluation of Structural Equation Models[J]. Journal of the Academy of Marketing Science(1):74-94.

[2] William D, Weidong X, Gholamreza T, 2018. A Confirmatory Factor Analysis of the End-user Computing Sat[J]. MIS Quarterly(12):453-461.

表 7.6 结构方程模型的拟合优度分析结果

拟合优度指标	指标结果	理想值	说明
χ^2/df	1.523	<2	理想
RMR	0.047	<0.05	可接受
GFI	0.802	>0.8	可接受
AGFI	0.821	>0.8	理想
TLI	0.913	>0.9	理想
NFI	0.807	>0.8	可接受
CFI	0.947	>0.9	理想
RMSEA	0.074	<0.08	可接受

资料来源:根据 2011 年调研数据运行后处理。

二、假说的检验与结果分析

根据设定的理论模型,运用 AMOS 17.0 软件运行后,得到本研究的结构模型各变量之间的路径系数运算结果。由于本研究建立的结构方程模型中潜变量的测量模型在前面经过了因子分析的检验,此处就只显示结构模型及其路径系数,具体如图 7.2 和表 7.7 所示。

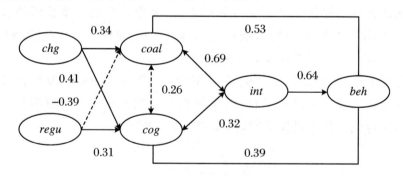

图 7.2 模型路径及估计参数结果图

路径系数的方向(正负)和显著性是判断所提出假说的变量之间关系能否成立的两个依据。模型路径及其估计参数结果显示,除了政府规制变量 (regu)对养猪户安全生产目标变量(goal)以及养猪户安全生产目标变量 (goal)与其认知变量(cog)之间的路径系数不显著外,其他系数均通过了 t 检验(t 值>1.96)。如图 7.2 所示,实线表示通过检验,虚线表示没有通过检验。

表 7.7 模型的估计系数表

路径	非标准化估计系数	标准化估计系数	C.R.(t-值)
goal←chg	0.249	0.342	1.978**
cog←chg	0.352	0.406	2.457**
goal←regu	-0.311	-0.394	1.574△
cog←regu	0.215	0.314	1.962**
int←goal	0.508	0.685	3.614*
cog←goal	0.365	0.264	1.573△
beh←goal	0.436	0.531	3.379*
int←cog	0.216	0.318	1.968**
beh←cog	0.282	0.393	2.383**
beh←int	0.531	0.644	3.526*

注:(1) * 表示在0.01的水平上显著;** 表示在0.05的水平上显著;△表示不显著。(2) 非标准估计系数表示自变量改变一个单位,因变量或中间变量的改变量;标准化估计系数则表示自变量改变一个标准差时,因变量或中间变量的改变量。当输入数据主要来源于调查测量,且度量方式相同时,标准化系数和非标准化系数差别不大,而输入数据的测量尺度不同时,输出的标准化系数和非标准化系数差别则较为明显。

结合图7.2与表7.7可以看出,除了假说3与假说5的检验没有通过外,其他假说结果均得到了验证支持。对于假说3,原假设政府规制治理对养猪户安全生产目标有正向的影响,模型结果未予以支持,可能的解释是调研样本范围涉及江苏、山东与四川等省,由于经济发展水平以及财政支出的结构性差异,各地区有关生猪质量安全的政府规制治理水平差异放到一个模型中被平均数后可能使得模型的结果不显著,这需要将结构方程模型通过分群组做进一步的检验。假说5关于养猪户安全生产目标与认知之间的共变关系假说,没有通过检验的可能解释是不同养殖规模的养猪户在安全生产目标与认知方面存在较大差异,养殖规模大的养猪户为提高生产经营绩效会更倾向于采取标准化管理经营模式,在兽药以及添加剂使用方面的认知可能更清楚,同时,其所在猪肉产业链中的地位不同于小规模户,被追溯以及所担负的机会成本比较高,其安全生产目标方面与小规模户相比可能会有比较大的差异,这都需要进一步通过分群组检验来实证分析。

基于此,本研究通过权重分析法来分析养猪户目标、认知、意向以及产业链组织与政府规制治理对养猪户安全生产决策行为的综合影响程度。所谓权重分析就是确定各自变量对同一因变量的影响程度,其依据是变量间因果关系的总效应。总效应包括直接效应和间接效应,直接效应是自变量对因变量的直接影响,其大小直接用路径系数衡量;间接效应是指自变量通过一个或多个中介变量对因变量的间接影响,即从自变量出发,通过一个或多个中介变量结束于因变量的"箭头链"上的路径系数乘积之和。根据图7.1 与图 7.2 确定的路径关系,分别计算了各个影响因素对养猪户安全生产决策行为的直接效应、间接效应和总效应,具体见表 7.8。

表7.8　各因素对养猪户安全生产决策行为的影响效应表

路径	直接效应	间接效应	总效应
beh←goal	0.531	0.441	0.972
beh←cog	0.393	0.125	0.518
beh←int	0.644	—	0.644
beh←chg	—	0.575	0.575
beh←regu	—	0.188	0.188

资料来源:根据 2011 年结构方程模型运行结果计算得出。

从直接效应看,养猪户安全生产意向对其安全生产决策行为影响的直接效应最大,安全生产目标次之,安全生产认知最小;从间接效应看,产业链组织治理对养猪户安全生产决策行为影响的间接效应最大,分别通过养猪户的安全生产目标、生产意向进而影响其决策行为而发挥作用;从总效应来看,养猪户安全生产目标对其决策行为的综合影响程度最大,安全生产意向次之,产业链组织治理再次,政府规制治理的影响作用最小。结合表 7.7 和表 7.8,得出以下结论:

(1) 养猪户安全生产决策行为受其安全生产目标的综合影响最大,这符合行为经济学的基本论点,人的行为受其目标所导向。从现实中看,养猪户的安全生产行为目标不仅仅局限于养殖收入的最大化,还包括心理层面的内在需求,尤其是在猪肉质量安全事件频发的背景下,养猪户越来越需要提高养殖与标准化管理技术,在猪肉产业链中稳定并且紧密地与上下游合作,从而更好地参与市场竞争。

(2) 养猪户安全生产意向对其安全生产行为的直接影响最大,这说明养猪户安全生产行为实现的心理决策过程的重要性,也就是说,要想改变养猪户的生产行为就需要先从其生产意向上着手。从现实中看,养猪户生产意向也是外在规制变量、生产目标与认知变量对其安全生产行为发生影响作用的中介变量,这也说明养猪户安全生产意向在其安全生产心理决策机制中的重要性。

(3)产业链组织治理与政府规制治理对养猪户安全生产行为的影响是通过养猪户生产目标、生产意向以及认知等中介变量而发生作用的。其中,产业链组织治理变量的间接效应最大,这说明养猪户安全生产决策行为受其所处的外部治理环境的影响,若想改变其行为,可以通过改变外部环境进而改变其经营目标、认知与意向来实现。

综合来看,养猪户安全生产决策行为不仅受其自身心理因素包括目标、认知与意向等方面的影响,还受到产业链组织与政府规制环境的影响,其作用路径也得到了验证。但从假说3与假说5的讨论以及实地调研所获得的信息来看,不同区域以及不同个体特征养猪户的安全生产心理决策机制是有差异的,需要进一步通过分群组的方式进行实证检验。

三、不同地区养猪户的安全生产心理决策机制比较分析

本研究调研样本范围涉及江苏、山东与四川等省,由于经济发展水平以及财政支出的结构性差异,各地区养猪户所处的外部环境存在差异,即产业链组织环境与政府规制环境特征存在较明显的差异,基于此,本研究运用结构方程模型以不同地区为分群组检验的基准,分别对四川(258户)、山东(202户)和江苏(338户)地区的养猪户安全生产心理决策模型进行验证,结果如表7.9所示。

表7.9 不同地区养猪户安全生产心理决策模型的分组检验估计参数表

路径	四川($n=258$)		山东($n=202$)		江苏($n=338$)	
	路径系数	$C.R.$(t-值)	路径系数	$C.R.$(t-值)	路径系数	$C.R.$(t-值)
$goal \leftarrow chg$	0.172	1.977**	0.231	2.378**	0.164	1.965**
$cog \leftarrow chg$	0.165	1.957△	0.198	2.277**	0.216	1.987**
$goal \leftarrow regu$	-0.041	1.274△	-0.194	1.582△	0.239	2.474**
$cog \leftarrow regu$	0.115	1.663△	0.214	1.958△	0.233	2.178**

续表

路径	四川($n=258$)		山东($n=202$)		江苏($n=338$)	
	路径系数	C.R.(t-值)	路径系数	C.R.(t-值)	路径系数	C.R.(t-值)
int←goal	0.208	2.362**	0.185	1.545△	0.357	2.742*
cog←goal	0.165	1.684△	0.164	1.682△	0.266	2.373**
beh←goal	0.236	1.793**	0.331	1.965**	0.368	3.579*
int←cog	0.208	1.962**	0.215	2.367**	0.258	1.971**
beh←cog	0.286	2.264**	0.293	2.285**	0.304	2.315**
beh←int	0.331	2.526**	0.236	2.268**	0.415	5.108*

注：n 为样本量；* 表示在 0.01 的水平上显著；** 表示在 0.05 的水平上显著；△ 表示不显著。

从表 7.9 中可以看出，分组样本与全部样本(表 6.7)的分析结果大部分类似，如产业链组织治理对养猪户安全生产目标及其认知的影响在 0.05 的水平上基本都显著，养猪户目标对安全生产行为、养猪户认知对其安全生产意向及其行为、养猪户安全生产意向对其行为的影响都在不同水平上通过了检验，但其他方面仍然存在一些差异，具体如下：

(1) 产业链组织治理变量对养猪户安全生产目标的影响。三个省份养猪户都通过了检验，而对养猪户认知的影响，四川省养猪户没有通过检验，可能的解释是山东和江苏两省生猪产业化和规模化发展水平相对较高，产业链组织（合作社或协会）与养猪户的链接相对紧密，产业链组织治理对养猪户质量安全的认知影响较为明显。

(2) 政府规制治理变量对养猪户安全生产目标与认知的影响。四川省与山东省样本养猪户没有通过检验，江苏省样本养猪户都通过了检验，可能的解释一方面是江苏省地区经济发展水平高，有关猪肉质量安全的政府规制投入相对较大，检验检疫执法、补贴政策与宣传方面的工作到位，即政府规制水平较高；另一方面是江苏省调研样本量比较大，模型结果较为理想。这说明政府规制治理对养猪户的影响是随着政府投入力度的加大而增强的，至于山东省与四川省政府规制变量对养猪户目标影响方向为负的解释，可能主要是数据结构的原因。

(3) 养猪户安全生产目标对其意向及认知的影响。江苏省养猪户都通过了检验，四川省与山东省级养猪户未全部通过，可能的解释是三个省养猪户养殖规模的差异导致了养猪户生产经营目标及其认知行为的差异。从调研样本的分布以及调研访谈得到的信息看,江苏省调研样本的养殖规模相对于四川省要大一些,四川省受自然环境资源以及地理条件的限制,政府部门鼓励适度规模经营,江苏省劳动力与土地成本较高,为了寻求规模经济而有扩大规模的动机与倾向;猪肉产业链中的质量安全管制在养殖规模大的养猪户相对较容易,而且养猪户的安全生产目标与认知情况相对而言可能更清晰。那么,不同养殖规模的养猪户安全生产心理决策行为是否存在差异,需要进一步地验证。

四、不同规模的养猪户安全生产心理决策机制比较分析

根据以上研究内容的深入和研究框架中的设计,不同养殖规模的养猪户在受教育水平、养猪收入比重以及技术资源禀赋等方面存在较大差异,基于此,本研究将继续探讨不同规模的养猪户安全生产心理决策机制的差异,以期更准确、全面和系统地把握养猪户安全生产决策的内在规律与过程。

本研究的调研样本中,年出栏 100 头以下的养猪户占 39.2%,年出栏 100~200 头的养猪户占 32.4%,年出栏 200 头以上的养猪户占 28.4%。本研究以不同养殖规模为分群组检验的基准,继续运用结构方程模型,分别对年出栏生猪 100 头以下(313 户)、100 到 200 头(258 户)和 200 头以上(227 户)的养猪户安全生产心理决策模型进行验证,实证探讨产业链组织治理、政府规制治理条件下,不同规模养猪户之间的决策行为差异,结果如表 7.10 所示。

表 7.10 不同规模养猪户安全生产心理决策模型的分组检验估计参数表

路径	100 头以下($n=313$)		100~200 头($n=258$)		200 头以上($n=227$)	
	路径系数	C.R.(t-值)	路径系数	C.R.(t-值)	路径系数	C.R.(t-值)
goal←chg	0.149	1.578	0.171	1.962**	0.252	2.475**
cog←chg	0.169	2.117**	0.236	2.255**	0.260	2.317**
goal←regu	−0.301	1.675△	−0.297	1.668△	0.124	1.676△
cog←regu	0.105	1.365△	0.225	1.972**	0.358	2.586*
int←goal	0.176	1.964**	0.285	3.314*	0.366	2.854*
cog←goal	0.185	1.977**	0.262	2.455**	0.265	2.157**
beh←goal	0.236	2.375**	0.331	4.249*	0.386	3.526**

续表

路径	100头以下(n=313)		100~200头(n=258)		200头以上(n=227)	
	路径系数	C.R.(t-值)	路径系数	C.R.(t-值)	路径系数	C.R.(t-值)
int←cog	0.216	1.968**	0.228	1.972**	0.277	2.186**
beh←cog	0.182	2.383*	0.293	2.476**	0.457	3.724*
beh←int	0.436	4.377*	0.544	5.156*	0.424	4.226*

注：n 为样本量；* 表示在0.01的水平上显著；** 表示在0.05的水平上显著；△表示不显著。

从表7.10中可以看出产业链组织对养猪户安全生产认知的影响，养猪户安全生产目标、生产认知以及安全生产意向对其意向与行为的影响都在不同水平上通过了检验，但其他方面仍然存在一些差异，具体如下：

（1）产业链组织对养猪户安全生产目标的影响。不同规模的养猪户有不同的表现，可能的解释是不同规模的养殖户的自身资源禀赋如在受教育程度以及养殖技术等方面也存在差异，小规模养猪户（年出栏100头以下）相对于中大规模养猪户（年出栏100头以上）而言在产业链组织中的地位也不同，所受到产业链组织带来的技术培训、统一管理等服务也不一样，小规模养猪户一般选择通过经纪人进行饲料采购与商品猪销售，而大规模养猪户一般会有较为稳定的供应商，供应商与产业链组织结合后对其安全生产会有一系列的规制要求与措施。

（2）政府规制对养猪户安全生产目标及其认知的影响。不同规模养猪户的反应有差异，虽然生产目标的验证都不显著，但从方向上看，大规模的养猪户所受到的政府规制影响为正向，与预期相符，也就是说大规模养猪户相对于小规模养猪户所受到的政府规制力度更强，此处不显著可能是数据较少的原因。小规模养猪户由于较为分散，政府规制的成本相对较高，检验检疫以及抽检措施等政府规制对他们在安全生产目标以及安全生产认知方面的影响较小，这说明猪肉质量安全监管问题仍然存在漏洞。

（3）养猪户安全生产目标与安全生产认知。不同规模的养猪户分别通过了检验，这说明同规模养猪户在安全生产目标与安全生产认知方面具有共同的特点，也从侧面说明不同规模的养猪户由于其自身资源禀赋以及所受到的外部环境的差异在安全生产方面也会存在差异。

【本章小结】

本章在前一章实证分析的基础上,采用结构方程模型系统地分析并比较了产业链组织、政府规制对养猪户安全生产心理决策机制的影响关系,包括具体的作用路径以及影响程度,结果表明:

养猪户安全生产心理决策受其自身心理意向、目标以及认知的影响,且所处的产业链组织与政府规制环境也会通过这些因素对其安全生产心理决策机制产生影响。其中,养猪户安全生产决策行为受其安全生产目标的综合影响最大,养猪户安全生产意向对其安全生产行为的直接影响最大。产业链组织治理与政府规制治理对养猪户安全生产行为的影响是通过养猪户生产目标、生产意向以及认知等中介变量而产生作用的,其中,产业链组织治理变量的间接效应最大。

研究还发现,不同省区养猪户所受到的政府规制措施有差异,不同规模养猪户所受到的影响因素也有差异,这也说明养猪户的决策行为具有复杂性、动态性的特点。

第八章 主要结论及政策建议

　　本研究在全面、系统地综述国内外相关研究成果的基础上,运用农户行为理论、产业链管理理论以及政府规制理论,构建了养猪户安全生产行为以及心理决策机制的理论模型与分析框架,并在此基础上,运用四川省、山东省和江苏省3个省区20个县(区)39个乡镇97个合作社798个养猪户的样本数据与资料,实证分析了产业链组织、政府规制对养猪户安全生产行为的作用关系,揭示了外部治理环境下养猪户安全生产心理决策与行为的形成机制,探讨了养猪户安全生产决策的可能性条件。本章基于以上内容,对全书的主要研究结论进行总结,并提出相应的政策建议。

第一节 主 要 结 论

一、不同类型的产业链组织治理功能及其对养猪户安全生产决策行为的影响有差异

　　与已有研究不同的是,本研究将产业链组织变量的设置从简单虚拟变量扩展为其服务职能评价变量,即产业链组织(养猪专业合作社)所提供的技术培训、统一饲料、统一兽药和防疫、统一销售等服务功能,较之于前人研究,与现实状况更为接近。从实地调查所得到的信息来看,养猪户所加入的产业化组织或专业合作组织并非是同质的,在治理机制、信息技术服务功能以及生产资料服务等方面存在差异。从实证研究的结果来看,产业链组织服务功能的引进或自繁新品种、技术培训、统一销售与统一防疫等4个变量对养猪户的安全生产决策有显著的正向影响,说明一般意义的产业链组织可以重点通过加强技术培训、提高统一销售的比例以及加强统一防疫力度

来促进养猪户安全养殖。结合调研信息看,有引进新品种或自繁新品种、统一商标销售的产业链组织,为新品种的推广或控制新品种的市场供应以及为品牌推广与市场维持,而有动力来采取措施保障养猪户安全生产。

二、不同区域的政府规制水平有差异且对养猪户安全生产决策行为的影响也有差异

一般来说,生猪质量安全方面的政府规制主要分为宏观层面的法律法规制度与政策宣传,微观层面的具体规制操作行为,具体包括违禁药物和饲料添加剂等品目宣传、兽医服务水平、检查监督力度、检验检疫水平、违规惩罚力度、环境规制强度、保险等补贴强度、资金扶持力度等方面。本研究在分析政府规制对养猪户生产决策的影响时,结合不同区域政府规制具体措施与操作执行水平,将政府规制变量设置为违禁药物监督检查、检验检疫、防疫规制以及违规惩罚等方面,与前人多以地区虚拟变量代理的研究相比,改变了政府规制水平和作用的发挥是独立且同质的假设。从实地调查情况看,政府规制需要一定的设备投入和人力资本投入,其水平的高低与当地经济发展状况与财政支持力度相关。从实证结果看,政府规制中的违禁药物监督检查、防疫规制水平和检验检疫力度对养猪户安全生产决策行为的影响显著为正,其他变量均不显著,也就是说,一般意义上的政府规制可以从强化监督检查、提高防疫规制水平与加大检验检疫力度来督促养猪户的安全养殖行为。

三、产业链组织治理、政府规制与养猪户安全生产意向产生交互作用并影响其质量安全生产决策行为

产业链组织服务功能的发挥与政府规制水平的高低受养猪户自身安全生产意识的影响,自身安全意识强的养猪户,会更加在意和关注产业链组织服务功能的发挥与政府规制政策措施,从而影响其安全生产决策行为。具体而言,产业链组织功能中的引进或自繁新品种、合作社技术培训次数、统一防疫服务与养猪户安全行为意向的交互作用显著为正,意味着不同专业合作社提供的不同技术培训和统一防疫服务与不同养猪户行为意向强度共同交互影响其安全生产决策行为,而且相同条件下,安全生产意识较强的养猪户的生产决策更趋向于安全。政府规制变量中的监督检查次数、防疫规制水平、检验检疫力度分别与养猪户安全意向的交互项在模型中验证显著,意味着不同政府防疫规制水平、不同检验检疫力度与不同养猪户行为意向

强度共同交互作用下影响其安全生产决策行为。实证结果中还发现,控制变量中的养猪户养殖规模与其安全生产意向的交互作用显著为正,说明不同规模的养猪户在与其不同安全行为意向强度的共同交互作用下影响其安全生产决策行为。

四、产业链组织、政府规制通过影响养猪户安全生产意向、目标以及认知进而影响其安全生产心理决策

产业链组织、政府规制对养猪户安全生产心理决策影响机制的结构方程模型结果表明,养猪户安全生产心理决策受其自身心理意向、目标以及认知的影响,而且所处的产业链组织与政府规制环境也会通过这些因素对其安全生产心理决策机制产生影响作用。其中,养猪户安全生产决策行为受其安全生产目标的综合影响最大,养猪户的安全生产行为目标不仅仅局限于养殖收入的最大化,还包括心理层面的内在需求;养猪户安全生产意向对其安全生产行为的直接影响最大,这说明养猪户安全生产行为实现的心理决策过程的重要性。养猪户生产意向也是外在规制变量、生产目标与认知变量对其安全生产行为发生影响作用的中介变量,也就是说产业链组织治理与政府规制治理对养猪户安全生产行为的影响是通过养猪户生产目标、生产意向以及认知等中介变量而发生作用的,其中产业链组织治理变量的间接效应最大。总之,不同发展环境下的养猪户会有不同的动机与目标,不同的动机与目标导致不同的生产意向与态度以及不同的认知与控制,也就是说,养猪户安全生产决策行为的过程是在特定产业发展环境下行为目标的指导下,在生产意向与态度以及认知控制的影响下,形成一定的决策与行为。

五、不同区域、不同规模养猪户的安全生产心理决策机制有差异

不同区域产业链组织发展水平和政府规制水平有差异,实证结果发现,山东省和江苏省两省生猪产业化和规模化发展水平相对较高,产业链组织(合作社或协会)与养猪户的链接相对较为紧密,产业链组织治理对养猪户质量安全的认知影响较为明显。政府规制治理对养猪户的影响是随着政府投入力度的加大而增强的,江苏省经济发展水平高,有关猪肉质量安全的政府规制投入相对较大,检验检疫执法、补贴政策与宣传方面的工作在养猪户中的影响力相对较大,即政府规制水平较高。不同养殖规模的养猪户在受

教育水平、养猪收入比重以及技术资源禀赋等方面存在较大差异,养殖规模大的养猪户在猪肉产业链中受质量安全管制相对较容易,而且养猪户的安全生产目标与认知情况相对而言可能更清晰。总的来说,不同地区经济发展水平的差异导致政府规制水平、猪肉产业链中核心企业品牌化建设、追溯追踪体系都是当地养猪户安全生产决策行为的影响因素。不同规模养猪户所受到的影响因素也有差异,这也说明养猪户的决策行为具有复杂性、动态性的特点。

第二节 政策建议

一、鼓励与加强产业链组织新品种培育与引进、技术培训、统一销售与统一防疫的服务功能,提高养猪户安全生产水平

基于产业链组织对养猪户安全生产决策行为影响的结论,本研究认为,可以通过进一步强化产业链组织服务功能来提高养猪户的安全生产水平。具体而言,结合近几年政府部门对生猪专业合作社等猪肉产业链组织越来越重视的现状,政府部门可以有的放矢地通过加大对合作社生猪新品种培育与引进的支持力度,加强对合作社技术培训的进一步投入与支持,来提高专业合作社的技术培训水平,让养猪户的安全生产更加规范。尤其是在统一防疫方面也要加大支持力度,同时鼓励服务功能强的合作社树立品牌意识,积极注册商标,并统一标识进行生猪统一销售,提高其在猪肉产业链中的话语权和议价能力,确实有效地提高生猪产品市场竞争力,壮大合作社发展实力,增强合作社对养猪户的利润返还水平,让生产和供应质量安全生猪的养猪户能够得到实惠与激励。另外,有条件的地区,政府部门可以鼓励养猪专业合作社的横向联合,统一饲料并严把饲料质量源头,统一兽药并做好兽药使用的指导与服务,切实提高养猪户安全生产水平。

二、加大财政支持,加强政府部门对违禁药物的监督检查和执法力度,提高养猪户安全生产意识

研究结果表明,政府规制中的违禁药物监督检查力度、防疫规制水平与检验检疫力度等措施对养猪户安全生产决策行为有影响,也就是说,政府部

门可以通过加强对违禁药物的宣传和执法力度,提高养猪户安全生产意识。通过加强检验检疫力度,制定科学合理的疫情监控和防疫检疫体系,从源头加强对饲料添加剂、兽药的监控与质量检查,继续加大对重大以及普遍性疫情的防疫投入力度,尽量规避疫情的负外部性影响。政府部门应当进一步完善涉及猪肉食品安全的法律法规,有针对性地加强有害猪肉产品的检验检疫体系建设,严格猪肉产品的市场准入制度,并提高对销售病死猪肉等有害消费者健康的猪肉产品的违规惩罚力度。同时,研究还发现,政府规制对不同规模养猪户的安全生产决策行为的影响有差异,其中大规模的养猪户所受的监督检查次数、违规惩罚力度或者机会成本较高,其生猪质量安全保障程度更大,政府部门可以通过针对不同规模养猪户设计不同的宣传、监督检查方案,发挥养猪专业合作社的作用,切实加强猪肉质量安全的政府规制力度,提高养猪户安全生产意识。

三、关注养猪户个体心理决策过程,根据不同规模、不同区域以及不同个体特征的养猪户进行分类设计,确保养猪户生猪质量安全

养猪户安全生产心理决策受其自身心理意向、目标以及认知的影响,而且所处的产业链组织与政府规制环境也会通过这些因素对其安全生产心理决策机制产生影响。由此,在有关生猪质量安全的政策设计中,应当关注养猪户个体心理决策的过程,有的放矢地树立养猪户安全生产目标,提高养猪户安全生产认知意识,建设养猪户安全生产决策的内在心理规范。同时,根据不同区域经济社会发展环境的差异,有针对性和侧重点地加大财政转移支付力度,提高经济发展相对落后地区生猪质量安全规制的相关投入水平。在此基础上,结合生猪产业链组织发展水平的差异,针对不同规模的养猪户进行有重点、有层次的质量安全监管体系建设,运用产业链管理等技术手段,提高规模养猪户在生猪产业链中的利益链接紧密度和可追溯性,进一步确保养猪户的生猪质量安全。

参 考 文 献

Ajzen I, 1991. The Theory of Planned Behavior [J]. Organizational Behavior and Human Decision Process, 50(2): 179-211.

Ajzen I, 1985. From Intentions to Actions: A Theory of Planned Behavior in Action-control: From Cognition to Behavior [M]. Heidelberg: Springer Verlag: 11-39.

Anderson J C, Gerbing D W, 1988. Structural Equation Modeling Practice: A Review and Recommend Two-step Approach [J]. Psychological Bulletin, 103(3): 411-423.

Antle J M, 2000. No Such Thing as a Free Safe Lunch: the Cost of Food Safety Regulation in the Meat Industry [J]. American Journal of Agricultural Economics(5): 329-353.

Bagozzi R P, Yi Y, 1988. On the evaluation of Structural Equation Models [J]. Journal of the Academy of Marketing Science, 16(1): 74-94.

Beedell J D C, Rehman T, 1999. Explaining Farmers' Conservation Behavior: Why Do Farmers Behave the Way They Do? [J]. Journal of Environment Management, 57(3): 165-176.

Beedell J D C, Rehman T, 2000. Using Social-psychology Models to Understand Farmer's Conservation Behavior [J]. Journal of Rural Studies, 16(1): 117-127.

Bill V, Tom F, 2004. Global Food Chains-Constraints and Opportunities for Smallholders[J]. Helsinki Workshop(6):17-18.

Boger S, 2001. Quality and Contractual Choice: a Transaction Cost Approach to the Polish Hog Market [J]. European Review of Agricultural Economics,28(3):241-261.

Boehlje M,Akridge J,Downey D,1995. Restructuring Agribusiness for the 21st Century[J]. Agribusiness,11(6):493-500.

Bagozzi R P,Yi Y,1988. On the Evaluation of structural equation models [J].Journal of the Academy Marketing Science,16(1):74-94.

Caswell J A,1998. Valuing the Benefits and Costs of Improved Food Safety and Nutrition[J]. The Australian Journal of Agricultural and Resource Economics,42(4):409-424.

Cheung N S,1969. Transaction Costs, Risk Aversion and the Choice of Contractual Arrangements[J]. Journal of Law and Eco-nomics(4):49-70.

Rose D F, 1995. Competing Through Supply Chain Management[M]. Chapman & Hall.

Fox J A,Shogren,J F,Hayes D J,1995. Experimental Auctions to Measure Willingness to Pay for Food Safety[M]. Valuing Food Safety and Nutrition. Boulder:West view Press.

Ziggers G W, Trienekens J, 1999. Quality Assurance in Food and Agribusiness Supply Chains: Developing Successful Partnerships[J]. Production Economics(60/61):271-279.

Han J,Trienekens J,Omta S W F,2006. Quality Management and Governance in Pork Processing Industries in China [M]. Nether-lands: Wageningen Academic Publishers.

Hassan F,Caswell J A,Neal H H,2006. Motivations of Fresh-cut Produce

Firms to Implement Quality Management System [J]. Review of Agricultural Economics,28(1):132-146.

Henson S,Hook N H,2001. Private Sector Management of Food Safety: Public Regulation and the Role of Private Controls [J]. The International Food and Agribusiness Management Review(1):7-17.

Illukpitity P,Gopalakrishnan C,2004. Decision-making in Soil Conservation: Application of A Behavioral Model to Potato Farmers in Sri Lanka[J]. Land Use Policy,21(4):321-331.

Jayasinghe Mudalige,2004. U. K. Economic Incentive for Adopting Food Safety Controls in Canadian Enterprises and the Role of Regulation[J]. The University of Guelph,24-69.

Julian B,Chen J,Isabel de Felipe,Haitao W,et al.,2009. An Empirical Study on Governance Structure Performance in Supply Chain: China's Pork Chain Case [M]. The International Food and Agribusiness Management Association 21st Annual World Symposium.

Katchova A L,Mrianda M J,2004. Two-step Econometric Estimation of Farm Characteristics Affecting Marketing Contracts Decisions [J]. American Journal of Agricultural Economics(86):88-102.

Langford,Ian H.,Ian J. Bateman,Hugh D,Langford,1996. A Multilevel Modeling Approach to Triple-Bounded Dichotomous Choice Contingent Valuation[J]. Environmental and Resource Economics,7(3):197-211.

Lazzarini S G,Chaddad F R,Cook M L.,2001. Integrating Supply Chain and Network Analysis [J]. Journal on Chain and Network Science,(1):7-22.

Lu H,2006. The Role of Guanxi in Buyer-seller Relationships in China,a Survey of Vegetable Supply Chains in Jiangsu Province[D]. Wageningen

Academic Publisher.

Madden T J, Elle P S, Ajzen I, 1992. A Comparison of the Theory of Planned Behavior and the Theory of Reasoned Action[J]. Personality and Social Psychology Bulletin,18(1):3-9.

Martinez M G, Fearne A, Caswell J A, 2007. Co-regulation as A Possible Model for Food Safety Governance: Opportunities for Pubic-private Partnerships[J]. Food Policy,32(3):299-314.

Mora C, Menozzi D, 2005. Vertical Contractual Relations in the Italian Beef Supply Chain[J]. Agribusiness,21(2):213-23.

Olson J M, Zanna M P, 1982. Repression-sensitization Differences in Responses to A Decision[J]. Journal of Personality,50(1):46-57.

Opara L U, 2003. Traceblility in Agriculture and Food Supply Chain: a Review of Basic Concepts, Technological Implications and Future Prospects[J]. Food,Agriculture & Environment(1):101-106.

Hart O, Shleifer A, Vishny R W, 1997. The Proper Scope of Government: Theory and an Application to Prisons[J]. The Quarterly Journal of Economics,112(4):321-421.

Handfield R B, Bechtel C, 2002. The Role of Trust and Relationship Structrue in Improving Supply Chain Responsiveness [J]. Industrial Marketing Management,31(4):367-382.

Ritson C, Li W M, 1998. The Economics of Food Safety[J]. Nutrition and Food Science,98(5):253-259.

Roberts T, Buzby J C, Ollinger M, 1996. Using Benefit and Cost Information to Evaluate A Food Safety Regulation: HACCP for Meat and Poultry[J]. American Journal of Agricultural Economics,78(5):1297-1301.

Segerson K, 1999. Mandatory Versus Voluntary Approaches to Food Safety

[J]. Agribusiness,15(1):53-70.

Spence A M,1975. Monopoly,Quality and Regulation[J]. Bell Journal of Economics,6(2):417-429.

Starbird S A, 2000. Designing Food Safety Regulations: The Effect of Inspection Policy and Penalties for Non-Compliance on Food Processor Behavior [J]. Journal of Agriculture and Resource Economics, 25 (2):615-635.

Sutton S, 1998. Predicting and Explaining Intentions and Behavior: How Well Are We Doing? [J]. Journal of Applied Social Psychology,28(15): 1317-1330.

Turvey C, 1991. Environmental Quality Constraints and Farm-level Decision Making[J]. American Journal of Agricultural Economics, 73 (5):1404-1405.

Udith J M K,2006. Economic Incentives for Firms to Implement Enhanced Food Safety Controls: Case of the Canadian Red Meat and Poultry Processing Sector [J]. Review of Agricultural Economics, 28 (4): 494-514.

Weir C A,2004. Harmonizing International Food Safety:A Case Study of the ASIA Pacific Region and the United States Identifying Mechanisms, Constraints and Resources[D]. Michigan State University.

Williamson O E, 1979. Transaction Cost Economics: The Governance of Contractual Relations[J]. Journal of Law and Economics(22):233-262.

Willock J,Deary I J,McGregor M M,1999. Farmers' Attitudes,Objectives, Behaviors and Personality Traits: the Edinburgh Study of Decision Making on Farms[J]. Journal of Vocational Behavior,54(1):5-36.

Wise J O,Brannen R L,1983. The Relationship of Farmer Goals and Other

Factors to Credit Use[J]. Southern Journal of Agricultural Economics, 15(2):49-54.

Wolf S B, Ligon H E, 2001. Policing Mechanisms in Agricultural Contracts [J]. Rural Sociology, 66(3):359-381.

Wang Yanguo, Jaenicke, 2006. Simulating the Impacts of Contract Supplies in Spot Market-Contract Market Equilibrium Setting [J]. American Journal of Agricultural Economics, 88(4).

Yapp C, Fairman R, 2006. Factors Affecting Food Safety Compliance Within Small and Medium-sized Enterprises: Implications for Regulatory and Enforcement Strategies[J]. Food Control, 17(1):42-51.

Zajac E J, Olsen C P, 1993. From Transaction Cost to Transaction Value Analysis: Implications for the Study of Inter-organizational Strategies [J]. Journal of Management Studies(30):131-145.

Joachim von Braun, 2005. 全球化及其对小农户的挑战[J]. 南京农业大学学报(社会科学版),(2):8-20.

陈超, 罗英姿, 2003. 创建中国肉类加工食品供应链的构想[J]. 南京农业大学学报(社会科学版),26(1):89-92.

陈超, 2003. 猪肉行业供应链管理研究[D]. 南京: 南京农业大学.

陈翠, 2010. 乳品企业产业链模式与产品安全的关系研究[D]. 西安: 西安理工大学.

仇焕广, 黄季焜, 杨军, 2007. 政府信任对消费者行为的影响研究[J]. 经济研究(6):27-34.

戴化勇, 2007. 产业链管理对蔬菜质量安全的影响研究[D]. 南京: 南京农业大学.

戴化勇, 2010. 农业产业链对农户安全生产行为的影响分析[J]. 湖北经济学院学报(7):73-78.

参考文献

戴化勇,王凯,2007.农业产业链管理与企业质量安全管理效率的关系研究[J].南京农业大学学报(社会科学版)(1):43-47.

戴化勇,王凯,2006.农业产业链综合绩效的评价研究:以南京市蔬菜产业链为例[J].江西农业学报,18(5):199-202.

戴迎春,朱彬,应瑞瑶,2006.消费者对食品安全的选择意愿:以南京市有机蔬菜消费行为为例[J].南京农业大学学报(3):16-20.

戴迎春,2003.猪肉供应链垂直协作关系研究:以江苏省为例[D].南京:南京农业大学.

邓宏图,米献炜,2002.约束条件下合约选择和合约延续性条件分析:内蒙古塞飞亚集团有限公司和农户持续签约的经济解释[J].管理世界(12):120-127.

杜龙政,汪延明,2010.基于大食品安全的全产业链治理研究[J].科学决策(10):29-38.

杜龙政,汪延明,李石,2010.产业链治理机构及其基本模式研究[J].中国工业经济(3):108-117.

杜吟棠,2002."公司+农户"模式初探:兼论其合理性与局限性[J].中国农村观察(1):30-38.

范崇东,2006.我国生猪屠宰和肉制品加工行业变革与发展趋势分析[J].肉类工业(2):10-12.

付红艳,李长英,2010.技术创新、产业链与社会福利[J].商业经济与管理(5):49-54.

高敏,宋旭钦,孟佩芳,等,2009.双汇连锁店经营模式特点与问题分析[J].河南商业高等专科学校学报(1):01-08.

高青松,何花,陈石平,2010.农业产业链"公司+农户"组织模式再造[J].科学决策(1):35-44.

苟建华,2007.基于小农户组织化的农产品供应链优化探究[J].当代经济

(11):56-57.

郭红东,蒋乃华,2007."行业协会＋公司＋合作社＋专业农户"订单模式的实践与启示[J].中国农村经济(4):48-52.

郭红东,楼栋,胡卓红,等,2009.影响农民专业合作社成长的因素分析:基于浙江省部分农民专业合作社的调查[J].中国农村经济(8):24-31.

郭锦墉,尹琴,廖小官,2007.农产品营销中影响农户合作伙伴选择的因素分析:基于江西省农户的实证[J].农业经济问题(1):86-93.

韩洪云,舒朗山,2010.中国生猪产业演进趋势及诱因分析[J].中国畜牧杂志(12):7-12.

韩纪琴,王凯,2008.猪肉加工企业质量管理、垂直协作与企业营运绩效的实证分析[J].中国农村经济(5):21-27.

韩胜明,张杨,田文礼,等,2009.不同养蜂合作组织形式对蜂蜜质量控制效果探讨[J].中国蜂业,60(11):12-15.

韩燕,王子龙,2010.浅谈小农户畜牧业发展的趋势[J].中国畜禽种业(12):46-48.

韩耀,1995.中国农户生产行为研究[J].经济纵横(5):29-33.

侯守礼,王威,顾海英,2004.不完备契约及其演进:政府、信任和制度:以奶业契约为例[J].中国农村观察(6):46-54.

侯淑敏,钟敏,2010.基于产业链视角的乳品加工企业与奶农关系研究[J].经济论坛(2):141-144.

侯淑霞,王雪瑞,2010.乳品产业链纵向组织关系演变研究:基于制度经济学理论的模型与实证分析[J].财经论丛(3):7-12.

侯淑霞,钟敏,2010.中国乳品产业链纵向组织关系的演变动因:基于制度供给与需求角度的分析[J].农业经济问题(9):49-53.

胡定寰,Fred Gale,Thomas Reardon,2006.试论"超市＋农产品加工企业＋农户"新模式[J].农业经济问题(1):36-39.

胡定寰,陈志钢,孙庆珍,等,2006.合同生产模式对农户收入和食品安全的影响:以山东省苹果产业为例[J].中国农村经济(11):17-24.

胡定寰,2005.农产品"二元结构"论:论超市发展对农业和食品安全的影响[J].中国农村经济(2):12-18.

胡定寰,王素霞,杨伟民,2007.小农户产品进入现代农产品供应链的成功经验:内蒙古武川县马铃薯产业的调查研究报告[J].当代经济(10):89-91.

胡浩,应瑞瑶,刘佳,2005.中国生猪产地移动的经济分析:从自然性布局向经济性布局的转变[J].中国农村经济(12):46-52.

胡浩,张晖,黄士新,2009.规模养殖户健康养殖行为研究:以上海市为例[J].农业经济问题(8):25-31.

胡凯,2007.生猪供应链节点间的行为策略与契约研究[D].南昌:南昌大学.

胡新旭,王栋,赵丽红,等,2008.生猪产业链相关行业利润分配分析和风险防控措施[J].饲料广角(11):23-27.

黄芳铭,2005.结构方程模式:应用与实践[M].北京:中国税务出版社.

黄季焜,邓衡山,徐志刚,2010.中国农民专业合作经济组织的服务功能及其影响因素[J].管理世界(5):75-81.

黄延珺,2009.江苏省养猪户饲料选择行为微观影响因素的实证研究[J].现代农业科技(3):215-216.

黄征学,2004.农业产业化实现路径之探讨:来自塞飞亚集团公司的经验[J].中国农村观察(3):12-20.

黄志宏,2006."鸿源米业":值得推广的"公司+协会+基地+农户"模式[J].中国农村经济(6):24-31.

黄宗智,2000.华北小农经济与社会变迁[M].北京:中华书局.

黄祖辉,梁巧,2007.小农户参与大市场的集体行动:以浙江省箬横西瓜合作社为例的分析[J].农业经济问题(9):66-71.

霍丽玥,2004.我国食品安全管理与控制体系研究[D].南京:南京农业大学.

季晨,2008.基于质量安全的猪肉产业链管理研究[D].南京:南京农业大学.

季晨,杨兴龙,王凯,2008.澳大利亚猪肉产业链管理的经验及启示:基于质量安全的角度[J].世界农业(4):18-20.

科斯,诺斯,威廉姆森,2003.制度、契约与组织:从新制度经济学角度的透视[M].刘刚,冯健,杨其静,等,译.北京:经济科学出版社.

匡晓东,向敏,王国军,2008.养殖模式改变对肉品营养和安全性的影响[J].现代化农业(6):18-20.

冷继明,2009.农户生猪养殖行为影响因素研究:基于漯河市的调查[D].武汉:华中农业大学.

冷志杰,唐焕文,2005.大宗农产品供应链四维网络模型及应用[J].系统工程理论与实践(3):40-45.

李功奎,应瑞瑶,2004."柠檬市场"与制度安排:一个关于农产品质量安全保障的分析框架[J].农业技术经济(3):35-38.

李佳芮,2007.我国政府食品安全监管职能研究[D].长春:东北师范大学.

李建宁,2004.结构方程模型导论[M].安徽:安徽大学出版社.

李杰义,2010.农业产业链视角下"以工促农"机制的动力模式与路径选择[J].农业经济问题(3):24-29.

李娟,孙世民,韩文成,2009.优质猪肉供应链中养猪场户与屠宰加工企业的合作关系分析:基于对376家养猪场户的问卷调查[J].农业经济(3):34-38.

李俊龙,王凯,2006.花卉产业链运作绩效的实证分析:以江苏省为例[J].江苏农业科学(6):132-135.

李尚,2008.浅谈我国地方动物检疫工作中存在的问题及对策[J].山东畜牧兽医(29):10-13.

李文伟,2009.湖南省猪肉产业链功能效果评价[J].湖南农业大学学报(社会科学版)(10):17-21.

李晓红,2005.中高档猪肉产业链组织模式研究[D].北京:中国农业大学.

李雄诒,严昕,李惠杰,2007.不完全信息条件下供应链管理协同策略研究[J].商业经济(23):14-15.

李瑜,2007.农户经营组织化研究[D].咸阳:西北农林科技大学.

林毅夫,1998.小农与理性经济[J].经济研究(3):31-33.

林毅夫,2005.制度、技术与中国农业发展[M].上海:上海人民出版社:200-221.

林震岩,2007.多变量分析:SPSS的操作与应用[M].北京:北京大学出版社.

刘军弟,2009.基于产业链视角的猪肉质量安全管理研究[D].南京:南京农业大学(4):143.

刘婷,刘含海,2008.影响我国农民专业合作社形成的因素分析[J].安徽农业科学,36(23):10254-10256,10261.

刘万利,2006.养猪户质量安全控制行为研究:以四川地区为例[D].雅安:四川农业大学.

刘晓宁,2009.基于食品安全的农业产业链生产控制模式研究[J].现代管理科学(9):56-59.

刘召云,孙世民,王继永,2008.优质猪肉供应链中屠宰加工企业对猪肉质量安全的保障作用分析[J].中国食物与营养(11):14-17.

娄旭海,王芳,陈松,等,2007.河南省小农户农业标准化生产意愿的影响因素分析[J].农业经济问题(增刊):51-54.

卢凤君,孙世民,叶剑,2003.高档猪肉供应链中加工企业与养猪场的行为研究[J].中国农业大学学报(2):24-28.

卢凤君,叶剑,孙世民,2003.大城市高档猪肉供应链问题及发展途径[J].农业技术经济(2):12-18.

吕玉花,2009.食品生产纵向投资激励和食品安全问题[J].中国流通经济(8):36-39.

满明俊,周民良,李同昇,2009.农户采用不同属性技术行为的差异分析:基于陕西、甘肃、宁夏的调查[J].中国农村经济(8):24-78.

宁攸凉,乔娟,2010.中国城市生猪规模养殖模式的生产率变动分析[J].统计与信息论坛(5):59-61.

宁攸凉,乔娟,2010.中国大中城市生猪大规模养殖模式的成本效率分析[J].技术经济(2):81-84.

彭海兰,2006.肉类食品安全认知和选择行为[J].技术经济(12):76-81.

彭晓佳,2006.江苏省城市消费者对食品安全支付意愿的实证研究:以低残留青菜为例[D].南京:南京农业大学.

商爱国,李秉龙,乔娟,2008.基于质量安全的检疫人员对生猪及猪肉检疫的认知与行为分析[J].中国畜牧杂志(20):22-27.

石朝光,王凯,2010.基于产业链的食品质量安全管理体系构建[J].中南财经政法大学学报(1):29-35.

史冰清,靳兴初,孔祥智,2010.产业链中影响农户横向合作行为意愿的因素分析:基于鲁、陕、晋三省(区)调查的实证研究[J].江汉论坛(1):39-44.

苏建兰,陈建成,李毅,2010.云南松茸产业链及其经营主体决策影响因素分析:香格里拉等四县市实证分析[J].林业经济(11):62-66.

孙芳,高立英,2010.现代农牧业纵横一体化经营模式影响因素分析:以京津西北部农牧交错区为例[J].农业技术经济(6):74-81.

孙世民,2006.基于质量安全的优质猪肉供应链建设与管理探讨[J].农业经济问题(4):70-75.

孙世民,卢凤君,叶剑,2004.我国优质猪肉生产组织模式的选择[J].中国畜牧杂志(11):32-34.

孙世民,卢凤君,叶剑,2004.优质猪肉供应链中养猪场的行为选择机理及其优化策略研究[J].运筹与管理(13):105-120.

孙世民,邵娟,2005.基于主体行为选择的猪肉生产组织模式分析[J].农业系统科学与综合研究(11):268-271.

孙亚范,王凯,2010.农民生产服务合作社的发展和运行机制分析:基于江苏省的调查[J].农业经济问题(11):28-33.

孙耀吾,刘朝,2004.公司+农户组织运行困境的经济学分析[J].财经理论与实践(双月刊)(7):113-118.

汤晓艳,钱永忠,2008.我国肉类冷链物流状况及发展对策[J].食品科学(10):12-14.

田露,张越杰,2010.肉牛产业链组织模式选择及其影响因素分析:基于河南等14个省份341个养殖户(场)的调查[J].中国农村经济(5):56-64.

万俊毅,欧晓明,2010.产业链整合、专用性投资与合作剩余分配:来自温氏模式的例证[J].中国农村经济(5):28-42.

汪普庆,周德翼,吕志轩,2009.农产品供应链的组织模式与食品安全[J].农业经济问题(3):8-12.

汪旭晖,2010.农村消费品流通渠道对农民福利的影响:基于消费品市场购买便利性与安全性视角的分析[J].农业经济问题(11):85-90.

王芳,陈松,娄旭海,等,2007.小农户实施农业标准化生产行为的计量经济学分析:以河南省农户调查数据为例[J].农业质量标准(5):23-26.

王海涛,王凯,王勇,2012.猪肉品牌连锁店顾客忠诚度评价及其影响因素实证研究:基于南京市消费者的问卷调查[J].中国农业科学,45(3):598-606.

王华书,2004.食品安全的经济分析与管理研究:对农户生产与居民消费的实证分析[D].南京:南京农业大学.

王俊钢,李开雄,韩冬印,2010.饲料添加剂和兽药与动物性食品安全[J].肉类工业(7):45-47.

王凯,颜加勇,2004.中国农业产业链的组织形式研究[J].现代经济探讨(11):28-32.

王凯,韩纪琴,2002.农业产业链管理初探[J].中国农村经济(5):9-13.

王凯,等,2004.中国农业产业链管理的理论与实践研究[M].北京:中国农业出版社:1-49.

王可山,李秉龙,李想,等,2006.畜产食品质量安全:理论分析与对策思考[J].中国食物与营养(4):13-16.

王淑娟,2009.农村经济合作组织经营制度创新的深层障碍与现实途径[J].学术交流(12):135-137.

王瑜,2008.垂直协作与农户质量控制行为研究[D].南京:南京农业大学.

王瑜,2009.养猪户的药物添加剂使用行为及其影响因素分析:基于江苏省542户农户的调查数据[J].农业技术经济(5):46-55.

王瑜,应瑞瑶,2008.养猪户的药物添加剂使用行为及其影响因素分析:基于垂直协作方式的比较研究[J].南京农业大学学报(社会科学版)(8):48-53.

王玉环,2006.中国畜产品质量安全供给研究[D].陕西:西北农林科技大学.

王元宝,卢凤君,2006.基于食品安全保障的生猪养殖组织形态及其演化分析[J].畜禽业(4):12-14.

王志刚,马建蕾,2007.农产品批发市场购销商客户关系形成机制研究[J].南开经济研究(2):120-127.

温琦,2009.我国农业生产经营组织化:理论基础与实践方略[D].成都:西南财经大学.

温忠麟,侯杰泰,成子娟,2006.结构方程模型及其应用[M].北京:教育科学出版社:184-192.

温忠麟,侯杰泰,2003.潜变量交互效应分析方法[J].心理科学进展,11(5):593-599.

毋俊芝,安建平,2010.山西省农民组织化程度及启示[J].农业经济问题(6):65-69.

吴建辉,黄志坚,2007.论农民协会与致富带头人在农业产业化中的作用:基于萍乡市农村致富带头人彭玉权的案例研究[J].安徽农业科学,35(20):6293-6294.

吴珂,胡礼文,2008.组织化程度对产业链利益协调的影响:关于农业合作组织的思考[J].企业经济(12):38-40.

吴林海,徐玲玲,王晓莉,2010.影响消费者对可追溯食品额外价格支付意愿与支付水平的主要因素:基于 Logistic、Interval Censored 的回归分析[J].中国农村经济(4):77-86.

吴明隆,2009.结构方程模式:AMOS 的操作与应用[M].重庆:重庆大学出版社.

吴秀敏,2006.我国猪肉质量安全管理体系研究:基于四川消费者、生产者行为的实证分析[D].杭州:浙江大学.

吴秀敏,2007.养猪户采用安全兽药的意愿及其影响因素:基于四川省养猪户的实证分析[J].中国农村经济(9):17-24.

吴妤,朱江涛,汤丽,2009.西部农业产业化经营模式的风险分析及应对策略:基于龙头企业模式的 AHP 分析[J].华东经济管理(3):74-79.

夏晓平,李秉龙,隋艳颖,2010.中国畜牧业生产结构的区域差异分析:基于资源禀赋与粮食安全视角[J].资源科学(8):1592-1600.

夏英,宋伯生,2001.食品安全保障:从质量标准体系到供应链综合管理[J].农业经济问题(11):24-31.

谢菊芳,2005.猪肉安全生产全程可追溯系统的研究[D].北京:中国农业大学.

修文彦,2010.我国猪肉质量安全问题研究:基于供应链的系统分析[D].北京:中国农科院.

徐健,汪旭晖,2009.订单农业及其组织模式对农户收入影响的实证分析[J].中国农村经济(4):39-47.

徐萌,2007.江苏省猪肉行业企业实施 HACCP 体系的意愿研究[D].南京：南京农业大学.

杨青贵,2010.农民专业合作社限制市场竞争行为探究：限制外来经营者收购农产品行为的反竞争性[J].农业经济问题(8)：36-43.

杨伟民,胡定寰,2010.食品安全背景下乳业产业链与组织模式创新研究[J].内蒙古大学学报(哲学社会科学版),42(6)：32-37.

杨宜苗,肖庆功,2011.不同流通渠道下农产品流通成本和效率比较研究：基于锦州市葡萄流通的案例分析[J].农业经济问题(2)：79-88.

伊莎贝尔撒考克,2010.农村金融与公共物品和服务：什么对小农户最重要？[J].经济理论与经济管理(12)：27-30.

尹云松,高玉喜,糜仲春,2003.公司与农户间商品契约的类型及其稳定性考察：对5家农业产业化龙头企业的个案分析[J].中国农村经济(8)：63-67.

游军,郑锦荣,2009.基于供应链的食品安全控制研究[J].科技与经济(10)：64-67.

游苑,2008.小农户和大市场的联结模式分析[J].农村经济与科技(1)：60-61.

余波,2007.农产品供应链中的小农户策略[J].商场现代化(2)：153-154.

于全辉,2006.基于有限理性假设的行为经济学分析[J].经济问题探索(7)：15-21.

张闯,夏春玉,2005.农产品流通渠道：权力结构与组织体系的构建[J].农业经济问题(7)：28-35.

张春勋,2009.农产品交易的关系治理：对云南省通海县蔬菜种植户调查数据的实证分析[J].中国农村经济(8)：32-42.

张立峰,2010.吉林省生猪产业链组织模式评估[J].吉林农业大学学报,32(6)：715-718.

张利国,2006.安全认证食品管理问题研究[D].南京：南京农业大学.

张林秀,徐晓明,1996.农户生产在不同政策环境下行为研究:农户系统模型的应用[J].农业技术经济(4):27-32.

张庆文,2004.小农户生产与我国农产品质量安全[J].农村经济(12):10-11.

张姝楠,2008.冷却猪肉供应链跟踪与追溯系统的研究[D].北京:中国农业科学院.

张喜才,张利痒,2010.我国生猪产业链整合的困境与突围[J].中国畜牧杂志(8):22-26.

张晓凤,赵建欣,朱璐华,等,2010.农户安全农产品供给的影响因素分析[J].安徽农业科学,38(14):7591-7594.

张耀钢,李功奎,2004.农户生产行为对农产品质量安全的影响分析[J].生产力研究(6):34-36.

张颖,任大鹏,2010.论农民专业合作社的规范化:从合作社的真伪之辩谈起[J].农业经济问题(4):41-45.

赵建欣,2008.农户安全蔬菜供给决策机制研究:基于河北、山东和浙江菜农的实证[D].杭州:浙江大学.

赵建欣,张晓凤,2008.交易方式对安全农产品供给影响的实证分析:基于河北定州和浙江临海菜农的调查[J].乡镇经济(3):25-27.

赵建欣,张忠根,2008.对农户种植安全蔬菜的影响因素分析:基于山东、河北两省农户的调查[J].对外经济贸易大学学报(2):52-57.

赵建欣,张忠根,2007.基于计划行为理论的农户安全农产品供给激励探析[J].财贸研究(6):40-45.

赵建欣,张忠根,2007.农户安全农产品生产决策影响因素分析[J].统计研究(11):90-92.

赵泉民,李怡,2007.关系网络与中国乡村社会的合作经济:基于社会资本视角[J].农业经济问题(8):40-46.

赵晓飞,李崇光,2007."农户-龙头企业"的农产品渠道关系稳定性:理论分析与实证检验[J].农业技术经济(5):15-24.

钟敏,2010.供应链视角下内蒙古乳品加工企业与奶农合作关系演变进程研究[J].物流科技(9):22-24.

钟真,孔祥智,2010.中间商对生鲜乳供应链的影响研究[J].中国软科学(6):68-79.

钟真,2011.生产组织方式、市场交易类型与生鲜乳质量安全:基于全面质量安全观的实证分析[J].农业技术经济(1):13-23.

周德翼,杨海娟,2002.食物质量安全管理中的信息不对称与政府监管机制[J].中国农村经济(6):16-18.

周峰,2008.基于食品安全的政府规制与农户生产行为研究:以江苏省无公害蔬菜生产为例[D].南京:南京农业大学.

周洁红,2006.农户蔬菜质量安全控制行为及其影响因素分析:基于浙江省396户菜农的实证分析[J].中国农村经济(11):25-34.

周洁红,2005.生鲜蔬菜质量安全管理问题研究:以浙江省为例[D].杭州:浙江大学.

周洁红,2004.消费者对蔬菜安全的态度、认知和购买行为分析:基于浙江省城市和城镇消费者的调查统计[J].中国农村经济(11):44-52.

周洁红,姜励卿,2007.农产品质量安全追溯体系中的农户行为分析:以蔬菜种植户为例[J].浙江大学学报(人文社会科学版)(3):118-127.

周洁红,钱峰燕,马成武,2004.食品安全管理问题研究与进展[J].农业经济问题(4):26-29,39-79.

周立群,曹利群,2001.农村经济组织形态的演变与创新:山东省莱阳市农业产业化调查报告[J].经济研究(1):69-75.

周立群,邓宏图,2004.为什么选择了"准一体化"的基地合约:来自塞飞亚公司与农户签约的证据[J].中国农村观察(3):2-11.

周曙东,戴迎春,2005.供应链框架下生猪养殖户垂直协作形式选择分析

[J].中国农村经济(6):30-36.

周应恒,耿献辉,2002.信息可追踪系统在食品质量安全保障中的应用[J].农业现代化研究(6):14-16.

周应恒,霍利玥,彭晓佳,2004.食品安全:消费者态度、购买意愿及信息的影响:对南京市超市消费者的调查分析[J].中国农村经济(11):18-22.

周应恒,彭晓佳,2006.江苏省城市消费者对食品安全支付意愿的实证研究:以低残留青菜为例[J].经济学(7):1319-1342.

周应恒,卓佳,谢美婧,2010.农户交易模式与农产品质量安全标准选择:一个基于交易费用经济学视角的分析框架的介绍[J].山西农业大学学报(社会科学版),9(1):44-47.

朱丽娟,2004.食品生产者质量安全行为研究[D].杭州:浙江大学.

朱艳,2004.基于农产品质量安全与产业化组织的农户生产行为研究:以浙江省为例[D].杭州:浙江大学.

祝宏辉,王秀清,2007.新疆番茄产业中农户参与订单农业的影响因素分析[J].中国农村经济(7):67-75.

邹传彪,王秀清,2004.小规模分散经营情况下的农产品质量信号问题[J].科技和产业(8):6-11.

后　　记

　　本书是在我博士论文的基础上修改而成的,也是在我的导师——南京农业大学经济管理学院王凯教授的悉心指导下完成的。回想这一路,着实不容易,幸运的是,在奋斗的路上一直有许许多多关心、帮助和支持我的亲友、同学、师长,恩情似海,铭感五内!

　　首先要感谢我的导师王凯教授,在南京农业大学求学的五年期间,王老师对我的照顾可谓细致入微,如春风化雨,"润物细无声",让我终生难忘。恩师学高为师,德高为范,其淡然心境与悠然情怀,在我遇到困难的时候总能给予我诸多启示,一步一步地指引着我的人生道路。即便已毕业多年,王老师依然对我关心有加。每次我回到母校,最迫切的愿望就是面见恩师,或在桃李廊畔,或在泰山石旁,或在羽毛球场,不管是学术研究还是生活安排,恩师都会给予我莫大的鼓励与极为重要的点拨,高屋建瓴,令我醍醐灌顶,使我有信心轻装上阵,勇往直前!

　　特别感谢师母徐翔教授。在我求学期间,尽管徐老师行政工作繁忙,仍然坚持亲自带领我们一起进行课题讨论,其严谨认真的学术风格与细致自在的心态,让我受益匪浅。在我毕业后,徐老师与王老师仍然给予我父母般的关怀与支持,每每想起他们,心里都是暖暖的感觉。

　　特别感谢檀文师兄与周月书教授在我读书期间对我的照顾与支持。他们为人做事方面的点点滴滴让我受益良多,尤其与周老师一起进行学术探讨时,总能让我有柳暗花明的感觉。

　　特别感谢四川农业大学政治学院院长殷焕举教授对我在四川调

研时的鼎力支持与热情帮助。殷老师也是我重要的人生导师,其豁达之性情,磅礴之气势,深刻的哲学思维与深沉的人文关怀让学生五体投地。

衷心感谢南京农业大学经济管理学院为我授业解惑的各位老师,尤其是钟甫宁教授,其严谨认真、严格纯粹的学术素养让我印象深刻,"高山仰止,景行行止"。感谢钟甫宁教授、应瑞瑶教授等在我论文开题中提出的建议与意见。感谢陈超教授、王怀明教授、周宏教授等在我论文预答辩中提出的宝贵意见。感谢南京财经大学的许承明教授、南京理工大学的孟令杰教授以及南京农业大学的钟甫宁教授、张兵教授、王树进教授在我论文答辩中提出的建议与意见。

衷心感谢四川农业大学的赵晓霞教授在我四川求学期间甚至离开母校后一直给予我的细致关怀与鼓励。衷心感谢为我调研付出辛勤劳动的各位领导、老师、同学以及朋友,尤其是四川农业大学的薛志伟老师、动物医学院徐志文教授,为我在四川的调研出谋划策、铺平道路,使得我能够顺利获取四川数据。感谢四川省仁寿县的白海涛,为我在仁寿县的调研付出了大量的时间与精力。感谢仁寿县畜牧局苏海清局长,乐至县畜牧局李禄诚,简阳市畜牧局蒋增木局长,五友农牧集团唐总,安岳县唐兴明站长、李朝培主任,资阳市雁江区红高粱牧业集团李总等在四川帮助我的各位朋友与前辈。感谢山东省得利斯集团郑总,临沂市肉类协会的前辈以及金锣集团的领导,山东理工大学的邢丽蓉老师、崔春晓老师以及高远等同学对我在山东调研的支持。感谢江苏省灌南县委邓部长、孟部长,张家港市沈丹,南通市顾美君老师,高淳县孙明明以及宜兴市和灌云县对我在江苏省调研提供帮助的各位朋友与前辈。

衷心感谢师门各位师兄、师姐、师弟、师妹对我的各种帮助,尤其是刘军弟师兄与李响师姐对我论文的撰写提出了诸多有益的建议,同时对我的生活也关心有加。感谢师弟潘俊澍给我的各种帮助,尤其是陪我一同调研,苦乐共享。感谢扬州大学的孙亚范老师对我的关心、鼓励与支持!感谢师弟、师妹们在问卷录入与文献整理方面付出的劳动,他们是谌佳、陆艳、汤旭、谭国金等。还有很多人未能一一提及,在此一并谢过!

衷心感谢2009级一起学习与生活的各位博士生同学们,他们是张昆、代云云、周祯、吴婷婷、向晶、胡雪枝、唐力、李寅秋、潘丹、虞祎、闵继胜、周小琴、李佳佳、刘明轩、张姝、王二朋、张晓敏、周振、王海员、张建军、陆岩等,同窗之谊,绵远流长!

特别感谢给我的研究生生活带来无限乐趣的各位兄弟,他们是我曾经的上铺兄弟李蒙,曾给我很多照顾与帮助;宿舍的宋修一,亦师亦友,如沐春风;还有远在福州的林伟坤,热情周到,激情似火,各种神侃,不亦快哉!特别感谢东北农业大学的杨志武与吉林农业大学的刘帅,曾给我的生活带来很多色彩与欢乐,带来诸多细致的关怀与帮助,此情可贵。特别感谢热情洋溢、对我有诸多帮助的翟忠卫,情深义重!特别感谢博士生宿舍的崔为体、李寅秋与曾后清在枯燥生活中的相伴与帮助,已是各自天涯,谨表最好的祝愿!

最后,特别感谢一直在背后默默鼓励与支持我的父母、岳父、岳母和我的爱妻!

谨将拙作献给所有帮助过我的老师、朋友和亲人!

王海涛
2020年11月12日
于合肥工业大学翡翠湖校区